中等职业学校会计专业教学改革实验教材

出纳岗位实训

张 敏 主编

洪小艳 魏艳芳 杜志清 副主编

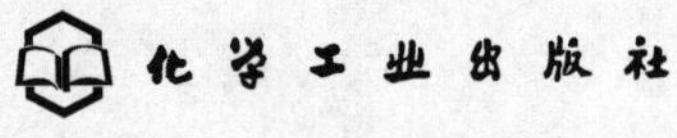

化学工业出版社

·北京·

《出纳岗位实训》为“中等职业学校会计专业教学改革实验教材”之一。

《出纳岗位实训》以出纳工作任务为主线，划分成出纳相关知识与基本技能、现金收支业务、银行存款收支业务、出纳岗位综合实训四个具体的项目，再将每个项目分解成具体模块，以学生模拟操作训练为主，先由知识点的操作训练，再到知识群的操作训练，最后形成知识体系的操作训练，从而使该专业学生的知识体系逐步形成，岗位职业能力逐步增强。

《出纳岗位实训》适合中等职业学校会计、经管等相关专业学生使用。

图书在版编目（CIP）数据

出纳岗位实训/张敏主编. —北京：化学工业出版社，2018.4

ISBN 978-7-122-31617-2

Ⅰ.①出… Ⅱ.①张… Ⅲ.①出纳-中等专业学校-教材 Ⅳ.①F231.7

中国版本图书馆 CIP 数据核字（2018）第 040717 号

责任编辑：刘　哲　　装帧设计：关　飞

责任校对：王素芹

出版发行：化学工业出版社（北京市东城区青年湖南街 13 号　邮政编码 100011）

印　　装：北京科印技术咨询服务公司海淀数码印刷分部

710mm×1000mm　1/16　印张 10　字数 153 千字　2018 年 5 月北京第 1 版第 1 次印刷

购书咨询：010-64518888（传真：010-64519686）　售后服务：010-64518899

网　　址：http://www.cip.com.cn

凡购买本书，如有缺损质量问题，本社销售中心负责调换。

定　　价：26.00 元

前 言 >>> FOREWORD

本课程是中职财会专业岗位模块教材，根据出纳岗位的特点，注重对学生岗位职业能力和实践能力的培养。本教材围绕出纳岗位的工作职责，以出纳工作任务为主线，划分成具体的项目，再将每个项目分解成具体模块，各模块的内容在教师的指导下，以学生模拟操作训练为主，先由知识点的操作训练，再到知识群的操作训练，最后形成知识体系的操作训练，从而使该专业学生的知识体系逐步形成，岗位职业能力逐步增强。

一、课程的性质与任务

通过本课程的学习，使学生对会计基础知识和财务会计的相关基本原理和方法得到进一步的运用，为毕业生胜任财会工作“第一岗”——出纳岗位奠定基础，达到“一上岗就能顶岗”职业教学的目标。

二、课程框架结构

本教材根据出纳岗位的主要工作职责和权限，划分为出纳相关知识与基本技能、现金收支业务和银行存款收支业务三个具体项目，再将每个项目分解成具体模块进行操作训练。项目四为出纳岗位综合实训。

三、课时安排

本课程安排 72 课时（一学期按 18 周，每周 4 课时计算）

课程内容	学时数
项目一　出纳相关知识与基本技能	8
项目二　现金收支业务	16
项目三　银行存款收支业务	20
项目四　出纳岗位综合实训	26
机动	2
合计	72

本书由张敏担任主编，并负责全书编写大纲的拟定和全书的总纂、修改及定稿。洪小艳、魏艳芳、杜志清担任副主编。

本书的编写，得到了太原市财贸学校校领导和全体会计专业教师的大力支持，在此谨向他们表示深深的谢意!

书中若有不足之处，恳请各位读者批评指正。

编者

2018 年 1 月

目录 CONTENTS

项目四　出纳岗位综合实训 / 105

项目一

出纳相关知识与基本技能

【学习目标】

1. 知道出纳的含义以及出纳工作的特点。
2. 理解出纳工作的原则以及出纳人员应具备的素质要求。
3. 熟悉出纳人员的工作内容、岗位职责。
4. 掌握出纳工作的交接过程。
5. 正确规范书写会计数字。
6. 学会人民币真伪的识别。

模块一　出纳相关知识

一、出纳、出纳工作和出纳人员

1. 出纳

出纳是随着货币及货币兑换业的出现而产生的。所谓“出”即支出；所谓“纳”即收入。

2. 出纳工作

出纳工作是按照有关规定和制度，办理本单位的现金收付、银行结算及有关账务，保管库存现金、有价证券、财务印章及有关票据等工作的总称。具体地讲，出纳工作是管理货币资金、票据、有价证券进进出出的一项工作。

3. 出纳人员

从广义上讲，出纳既包括会计部门的出纳工作人员，也包括业务部门的各类收款员（收银员）。狭义的出纳人员仅指会计部门的出纳人员。出纳的最基本职能是收付职能，企业经营活动少不了货物价款的收付、往来款项的收付，也少不了各种有价证券以及金融业务往来的办理。

二、出纳工作的特点

1. 社会性

出纳工作担负着一个单位货币资金的收付、存取任务，而这些任务的完成，是置身于整个社会经济活动的大环境之中的，是和整个社会的经济运转相联系的。只要这个单位发生经济活动，就必然要求出纳员与之发生经济关系。例如出纳人员要了解国家有关财会政策法规并参加这方面的学习和培训，出纳人员要经常跑银行等。因此，出纳工作具有广泛的社会性。

2. 专业性

出纳工作作为会计工作的一个重要岗位，有着专门的操作技术和工作规则。凭证如何填，日记账怎样记都很有学问，就连保险柜的使用与管理也是很讲究的。因此，要做好出纳工作，一方面要求经过一定的职业教育，另一方面也需要在实践中不断积累经验，掌握其工作要领，熟练使用现代化办公工具。

3. 政策性

出纳工作是一项政策性很强的工作，其工作的每一环节都必须依照国家规定进行。例如，办理现金收付要按照国家现金管理规定进行，办理银行结算业务要根据国家银行结算办法进行。《会计法》《会计基础工作规范》等法规都把出纳工作并入会计工作中，并对出纳工作提出具体的规定和要求。出纳人员不掌握这些政策法规，就做不好出纳工作；不按这些政策法规办事，就会违反财经纪律。

4. 时间性

出纳工作具有很强的时间性，何时发放职工工资，何时核对银行对账单等，都有严格的时间要求，一天都不能延误。因此，出纳员心里应有个时间表，及时办理各项工作，保证出纳工作质量。

三、出纳工作的原则

《会计法》专门规定出纳员不得兼管稽核、会计档案保管和收入、费用、债权债务账目的登记工作，这是由于出纳员是各单位专门从事货币资金收付业务的会计人员，根据复式记账原则，每发生一笔货币资金收付业务，必然引起收入、费用或债权、债务等账簿记录的变化，或者说每发生一笔货币资金收付业务都要登记收入、费用或债权、债务等有关账簿，如果把这些账簿登记工作都由出纳员办理，会给贪污舞弊行为以可乘之机。同样道理，如果稽核、内部档案保管工作也由出纳员经管，也难以防止利用抽换单据、涂改记录等手段进行舞弊的行为。当然，出纳员不是完全不能记账，只要所记的账不是收入、费用、债权、债务方面的账目，是可以承担一部分记账工作的。总之，钱账分管原则是出纳工作的一项重要原则，各单位都应建立健全这一制度，防止营私舞弊行为的发生，维护国家和单位财产的安全。出纳人员应该遵守职业道德。出纳是一项特殊的职业，它每天接触的是大把大把的金钱、成千上万的钞票，没有良好的职业道德，很难顺利通过“金钱关”。与其他会计人员相比较，出纳人员更应严格地遵守职业道德。

四、出纳工作的内容及任职条件

1. 工作内容

（1）货币资金核算

① 办理现金收付，严格按规定收付款项。

② 办理银行结算，规范使用支票，严格控制签发空白支票。

③ 登记银行存款日记账及现金日记账，对现金日记账做到日清日结，对银行存款日记账做到月末与银行对账。根据已经办理完毕的收付款凭证，逐笔顺序登记现金日记账和银行存款日记账，并结出余额。

④ 保管库存现金，保管有价证券。对于现金和各种有价证券，要确保其安全和完整无缺。

⑤ 保管有关印章，登记注销支票。

⑥ 复核收入凭证，办理销售结算。

（2）往来结算

① 办理往来结算，建立清算制度。

② 核算其他往来款项，防止坏账损失。

（3）工资结算

① 执行工资计划，监督工资使用。

② 审核工资单据，发放工资奖金。

③ 负责工资核算，提供工资数据。按照工资总额的组成和工资的领取对象，进行明细核算。根据管理部门的要求，编制有关工资总额报表。

2. 出纳的任职条件

① 具有会计、财务等相关专业中专以上学历，有会计从业资格证书。

② 了解国家财经政策和会计、税务法规，熟悉银行结算业务。

③ 熟练使用各种财务工具和办公软件，且电脑操作娴熟，有较强的责任心，有良好的职业操守，作风严谨。

④ 善于处理流程性事务，有良好的学习能力、独立工作能力和财务分析能力。

⑤ 工作细致，责任感强，有良好的沟通能力和团队精神。

3. 对出纳人员综合素质的要求

做好出纳工作并不是一件很容易的事，它要求出纳员具有全面精通的政策水平、熟练高超的业务技能、严谨细致的工作作风。

（1）政策水平

不以规矩，不成方圆。出纳工作涉及的“规矩”很多，如《会计法》

及各种会计制度，现金管理制度及银行结算制度，《会计基础工作规范》，成本管理条例及费用报销额度，税收管理制度及发票管理办法，还有本单位的财务管理规定等。这些法规、制度如果不熟悉、不掌握，是绝对做不好出纳工作的。所以，要做好出纳工作的第一件大事就是学习、了解、掌握财经法规和制度，提高政策水平。出纳人员只有刻苦掌握政策法规和制度，明白哪些该做，哪些不该做，哪些该抵制，工作起来就会得心应手，就不会犯错误。

（2）业务技能

“台上一分钟，台下十年功。”这对出纳工作来说是十分适用的。出纳工作需要很强的操作技巧。打算盘、用电脑、填票据、点钞票等，都需要深厚的基本功。作为专职出纳人员，不但要具备处理一般会计事务的财会专业基本知识，还要具备较高的处理出纳事务的专业知识水平和较强的数字运算能力。出纳的数字运算往往在结算过程中进行，要按计算结果当场开出票据或收付现金，速度要快，又不能出错。这和事后的账目计算有着很大的区别。账目计算错了可以按规定方法更改，但钱算错了就不一定说得清楚，不一定能“改”得过来了。所以说出纳人员要有很强的数字运算能力，不管用计算机、算盘、计算器，还是别的什么运算器，都必须具备较快的速度和非常高的准确性。在快和准的关系上，作为出纳员，要把准确放在第一位，要准中求快。提高出纳业务技术水平，关键在手上，打算盘、用电脑、开票据，都离不开手。而要提高手的功夫，关键又在勤，勤能生巧，巧自勤来。有了勤，就一定能达到出纳技术操作上的理想境界。另外，还要苦练汉字、阿拉伯数字的书写，使人见其字如见其人，一张书写工整、填写齐全、摘要精炼的票据，能表现一个出纳员的工作能力。

（3）工作作风

要做好出纳工作，首先要热爱出纳工作，要有严谨细致的工作作风和职业习惯。作风的培养，在成就事业方面至关重要。出纳每天和金钱打交道，稍有不慎就会造成意想不到的损失，出纳员必须养成与出纳职业相符合的工作作风，概括起来，就是精力集中，有条不紊，严谨细致，沉着冷静。精力集中，就是工作起来要全身心地投入，不为外界所干扰；有条不紊，就是计算器具摆放整齐，钱款票据存放有序，办公环境洁而不乱；严谨细致，就是认真仔细，做到收支计算准确无误，手续完备，不发生工作差错；沉着冷静，就是在复杂的环境中随机应变，化险为夷。

（4）安全意识

现金、有价证券、票据、各种印鉴，既要有内部的保管分工，各负其责并相互牵制；也要有对外的保安措施，从办公用房的建造，门、屉、柜的锁具配置，到保险柜密码的管理，都要符合保安的要求。出纳人员既要密切配合保安部门的工作，更要增强自身的保安意识，学习保安知识，把保护分管的公共财产物资的安全完整作为首要任务来完成。

（5）道德修养

出纳人员必须具备良好的职业道德修养，要热爱本职工作，敬业、精业；要科学理财，充分发挥资金的使用效益；要遵纪守法，严格监督，并且以身作则；要洁身自好，不贪、不占公家便宜；要实事求是，真实客观地反映经济活动的本来面目；要注意保守机密；要竭力为本单位的中心工作、为单位的总体利益、为全体员工服务，牢固树立为人民服务的思想。没有良好的职业道德，很难顺利通过“金钱关”。与其他会计人员相比较，出纳人员更应严格地遵守职业道德。

五、出纳员的岗位职责和权限

1. 出纳的岗位职责

出纳是会计工作的重要环节，涉及的是现金收付、银行结算等活动，而这些又直接关系到职工个人、单位乃至国家的经济利益，工作出了差错，就会造成不可挽回的损失。因此，明确出纳人员的职责和权限，是做好出纳工作的基本条件。根据《会计法》《会计基础工作规范》等财会法规，出纳员具有以下职责。

① 按照国家有关现金管理和银行结算制度的规定，办理现金收付和银行结算业务。出纳员应严格遵守现金开支范围，非现金结算范围不得用现金收付；遵守库存现金限额，超限额的现金按规定及时送存银行；现金管理要做到日清月结，账面余额与库存现金每日下班前应核对，发现问

题，及时查对；银行存款账与银行对账单也要及时核对，如有不符，应立即通知银行调整。

② 根据会计制度的规定，在办理现金和银行存款收付业务时，要严格审核有关原始凭证，再据以编制收付款凭证，然后根据编制的收付款凭证逐笔顺序登记现金日记账和银行存款日记账，并结出余额。

③ 按照国家外汇管理和结汇、购汇制度的规定及有关批件，办理外汇出纳业务。外汇出纳业务是政策性很强的工作，随着改革开放的深入发展，国家之间经济交往日益频繁，外汇出纳也越来越重要。出纳人员应熟悉国家外汇管理制度，及时办理结汇、购汇、付汇，避免国家外汇损失。

④ 掌握银行存款余额，不准签发空头支票，不准出租出借银行账户为其他单位办理结算。这是出纳员必须遵守的一条纪律，也是防止经济犯罪、维护经济秩序的重要方面。出纳员应严格支票和银行账户的使用和管理，从出纳这个岗位上堵塞结算漏洞。

⑤ 保管库存现金和各种有价证券（如国库券、债券、股票等）的安全与完整。要建立适合本单位情况的现金和有价证券保管责任制，如发生短缺，属于出纳员责任的要进行赔偿。

⑥ 保管有关印章、空白收据和空白支票。印章、空白票据的安全保管十分重要，在实际工作中，因丢失印章和空白票据给单位带来经济损失的不乏其例。对此，出纳员必须高度重视，建立严格的管理办法。通常，单位财务公章和出纳员名章要实行分管，交由出纳员保管的出纳印章要严格按规定用途使用，各种票据要办理领用和注销手续。

2. 出纳的权限

根据《会计法》《会计基础工作规范》等财会法规，出纳员具有以下权限。

① 维护财经纪律，执行财会制度，抵制不合法的收支和弄虚作假行为。《会计法》是中国会计工作的根本大法，是会计人员必须遵循的重要法律。《会计法》第三章第十六条、第十七条、第十八条、第十九条中对会计人员如何维护财经纪律提出了具体规定。这些规定，为出纳员实行会计监督、维护财经纪律提供了法律保障。出纳员应认真学习、领会、贯彻

这些法规，充分发挥出纳工作的“关卡”“前哨”作用，为维护财经纪律和抵制不正之风做出贡献。

② 参与货币资金计划定额管理的权力。现金管理制度和银行结算制度是出纳员开展工作必须遵照执行的法规。这些法规，实际上是赋予了出纳员对货币资金管理的职权。例如，为加强现金管理，要求各单位的库存现金必须限制在一定的范围内，多余的要按规定送存银行，这为银行部门利用社会资金进行有计划放款提供了资金基础。因此，出纳工作不是简单的货币资金的收收付付，不是无足轻重的点点钞票，其工作的意义只有和许多方面的工作联系起来才能体会到。

③ 管好用好货币资金的权力。出纳工作每天和货币资金打交道，单位的一切货币资金往来都与出纳工作紧密相连，货币资金的来龙去脉，周转速度的快慢，出纳员都清清楚楚。因此，提出合理安排利用资金的意见和建议，及时提供货币资金使用与周转信息，也是出纳员义不容辞的责任。出纳员应抛弃被动工作的观念，树立主动参与意识，把出纳工作放到整个会计工作、经济管理工作的大范围中，这样既能增强出纳的职业光荣感，又为出纳工作开辟了新的视野。

六、出纳员的职业道德

(1) 敬业爱岗

会计人员应当热爱本职工作，努力钻研业务，使知识和技能适应所从事工作的要求。

(2) 熟悉法规

会计人员应当熟悉财经法律、法规、规章和国家统一的会计制度，并结合会计工作进行广泛宣传。

(3) 依法办事

会计人员应当按照会计法律、法规和国家统一的会计制度规定的程序和要求进行会计工作，保证提供的会计信息合法、真实、准确、及时、完整。

（4）客观公正

会计人员在办理会计事务中，应当实事求是，客观公正。

（5）搞好服务

会计人员应当尽其所能，为改善单位的内部管理、提高经济效益服务。

（6）保守秘密

会计人员应当保守本单位的商业秘密，除法律规定和单位领导同意外，不能私自向外界提供或泄露单位的会计信息。

除此之外，出纳人员还应特别注意如下两点。

（1）要清正廉洁

清正廉洁是出纳员的立业之本，是出纳员职业道德的首要方面。出纳员掌握着一个单位的现金和银行存款，若要把公款据为己有或挪作私用，均有方便的条件和较多的机会。同时，外部的经济违法分子也往往会在出纳员身上打主意，施以小惠，拉其下水。应该说，面对钱欲、物欲的考验，绝大多数出纳员以坚定的意志和清正廉洁的高贵品质赢得了人们的赞誉。当然，也有少数出纳员利用职务之便贪污舞弊、监守自盗、挪用公款，到头来，害了集体也害了自己。

（2）要坚持原则

出纳员肩负着处理各种利益关系的重任，只有坚持原则，才能正确处理国家、集体与个人的利益关系。在工作中，有时需要牺牲局部与个人利益以维护国家利益，有时需要为了维护法律、法规的尊严而去得罪同事和领导。这些都是出纳员应该坚持和必须做好的。长期以来，广大出纳员在工作中坚持原则，无私无畏地维护财经纪律，不少出纳员因此受到国家和人民的表彰和嘉奖。这是出纳人员的荣誉。当然，也有一些出纳员因坚持原则而遭打击报复，但坚持原则终究会得到社会的理解和支持，打击报复迟早会受到处罚。为了保障国家和集体的利益，保护社会主义公共资财，广大出纳员要真正肩负起国家赋予的实行会计监督的职责，在出纳工作中坚持原则，自觉抵制不正之风，为维护会计工作秩序的正常进行贡献力量。

训练　出纳员基础常识认知

【训练目的】

通过本次训练，使学生熟练出纳员应知应懂的一些常识，为今后的实际从事出纳工作奠定基础。

【训练内容】

针对实务工作中可能出现的问题，判断正误，给出解决方案。

【训练资料】

1. 小李到某大型超市应聘出纳岗位，具体分配工作岗位时，被分配到收银员岗位。小李认为单位分配的工作岗位与应聘岗位不符，提出申请。

你认为小李的申请理由正确吗？

2. 由于单位财务科人员短缺，加之出纳员小王年轻，又考取了“会计师”资格，领导认定小王“年富力强”，故在分配工作时，在出纳员的日常工作之外，又加了会计档案管理和债权债务账目的登记工作。

请你判断这样分工可以吗？为什么？

3. 小张从财会学校毕业，应聘到某单位财务科工作，由于人员紧缺，被领导安排做出纳员工作，同时要求小张抓紧准备考取“会计从业资格证”，领导这样做可以吗？

4. 小王在单位从事出纳工作5年了，非常受领导信任。目前，由于生活中突发一些情况需要用钱，小王决定挪用单位保险柜中的3000元，待五天后单位发工资后补上。你认为小王此举有什么不妥？

5. 本单位财务工作量较少，只有一名会计和一名出纳，为保证开出票据的安全性，领导决定印章二枚（单位的法人代表章）由会计保管，支票等银行结算票据由出纳保管，你认为妥当吗？为什么？

6. 由于出纳员小李近期参加培训（为期三个月，每天半天），为方便工作，财务科长向小李索要保险柜的钥匙密码，小李可以给吗？

模块二　出纳工作的交接

出纳的交接一般分 3 个阶段进行。

第一阶段　交接准备

交接准备分 6 个方面。

① 将已经受理的经济业务处理完毕。

② 将尚未登记账目的登记完毕，结出余额，并在最后一笔余额后加盖出纳人员名章。

③ 整理应该移交的各种资料，对未了事项和遗留问题要写出书面说明材料。

④ 编制移交清册，将要办理移交的账簿、印鉴、现金、有价证券、支票簿、发票、文件、其他物品等内容列清；实行电算化的单位，移交人员还应在移交清册上列明会计软件及密码、数据盘磁带等内容。

⑤ 出纳账与现金和银行存款总账核对相符，现金日记账余额要与库存现金一致，银行存款日记账金额要与银行对账单一致。

⑥ 在现金和银行存款日记账扉页的启用表上填写移交日期，并加盖名章。

第二阶段　移交过程

出纳人员离职前必须将本人经管的会计工作，在规定的期限内，全部向接替人员移交清楚。接替人员应认真按照移交清册逐项点收，具体要求如下。

① 库存现金要根据日记账余额当面点交，不得短缺。接替人员发现不一致或“白条抵库”现象时，移交人员在规定的期限内负责查清。

② 有价证券要根据备查簿余额进行点收。若出现有价证券面额与发行价不一致时，要按账面金额交接。

③ 出纳账和其他会计资料必须完整无缺，不得遗漏。如有短缺，须查明原因，并在移交清册上注明由移交人负责。

④ 银行存款账户要与银行对账单核对一致。出纳人员在办理交接前，须向银行申请打印对账单。如存在有未达账项，还需编制银行存放余额调

节表，调整相符。

⑤ 接交人员按移交清册点收应由出纳人员保管的其他财产物资，如财务章、人名章、收据、空白支票、科目印章、支票专用章等。

⑥ 实行电算化的单位，交接双方应在电子计算机上对有关数据进行实际操作，确认有关数据无误后，方可交接。

第三阶段　交接后有关事宜

① 出纳工作交接完毕后，交接双方和监交人员要在移交清册上签名盖章，要在移交清册上注明单位名称，交接日期，交接双方和监交人的职务、姓名，移交清册页数及需要说明的问题和意见等。

② 接交人员应继续使用移交前的账簿，不得擅自另立账簿，以保证会计记录前后衔接，内容完整。

③ 移交清册填制一式三份，交接双方各持一份，存档一份。

训练　出纳员交接训练

【训练目的】

通过本次训练，了解在出纳工作交接中的相关要求。

【训练内容】

对出纳交接工作中出现的一些问题，作出评价。

【训练资料】

由于工作调动，原来由李峰负责的出纳岗位改由张平负责，定于本月交接。交接时由会计王为平负责鉴交。交接中发现如下问题。

1. 库存现金实有 8200 元，日记账余额 8600 元，另保险柜中批准的暂借款借条一张，金额 400 元。

2. 保险柜中有一个“零钱包”，内存有 18.55 元。据李峰讲，这是日常收付中多出的零钱，一直积累下来，以备有小额短缺时用。

3. 由于交接已临近月末，科长安排这几天的出纳工作由李峰和张平共同负责，也方便李峰可以在实际工作中帮助张平尽快熟悉出纳岗位工作。

【训练要求】

提出该单位李峰和张平交接中出现的一些问题。

模块三　会计数字书写

一、基础知识

依据财政部制定的会计基础工作规范的要求，填制会计凭证，字迹必须清晰、工整，并符合下列要求。

① 阿拉伯数字应一个一个地写，阿拉伯金额数字前应当书写货币币种符号（如人民币符号“¥”）或者货币名称简写和货种符号。币种符号与阿拉伯金额数字之间不得留有空白，凡在阿拉伯金额数字前面写有币种符号的，数字后面不再写货币单位（如人民币“元”）。

② 所有以元为单位（其他货币种类为货币基本单位，下同）的阿拉伯数字，除表示单价等情况外，一律在元位小数点后填写到角分：无角分的，角、分位可写“00”或符号“—”；有角无分的，分位应写“0”，不得用符号“—”代替。

③ 汉字大写金额数字，一律用正楷或行书书写，如壹、贰、叁、肆、伍、陆、柒、捌、玖、拾、佰、仟、万、亿、元、角、分、零、整（正）等易于辨认、不易涂改的字样，不得用0、一、二、三、四、五、六、七、八、九、十、另、毛等简化字代替，不得任意自造简化字。

④ 大写金额数字到元或角为止的，在“元”或“角”之后应写“整”或“正”字；大写金额数字有分的，分字后面不写“整”字。

⑤ 大写金额数字前未印有货币名称的，应当加填货币名称（如“人民币”三字），货币名称与金额数字之间不得留有空白。

⑥ 阿拉伯金额数字中间有“0”时，大写金额要写“零”字。如人民币101.50元，汉字大写金额应写成“壹佰零壹元伍角整”。阿拉伯金额数字中间连续有几个“0”时，汉字大写金额中可以只写一个“零”字。如¥1004.56，汉字大写金额应写成“壹仟零肆元伍角陆分”。阿拉伯金额数字元位为“0”，或数字中间连续有几个“0”，元位也是“0”，

但角位不是“0”时，汉字大写金额可只写一个“零”字，也可不写“零”字。

二、注意事项

1. 倾斜度

向右倾斜 30°～45°。

2. 高度

数字高度应为表格高度的二分之一至三分之二。其中，6 要比其他数字高一些，但一般不超出表格，7 和 9 比其他数字低些，下半部分占据下一行的上半格。写 0 时不能有缺口，写 8 时上方不能开口，4 的两竖要平行，9 不能开口和留尾巴。

3. 零的写法

阿拉伯金额数字中间有“0”时，汉字大写金额要写“零”字；阿拉伯数字金额中间连续有几个“0”时，汉字大写金额中可以只写一个“零”字；阿拉伯金额数字元位是“0”，或者数字中间连续有几个“0”，元位也是“0”，但角位不是“0”时，汉字大写金额可以只写一个“零”字，也可以不写“零”字。

三、问题解析

1. 小写金额为 6500 元

正确写法：人民币陆仟伍佰元整
错误写法：人民币：陆仟伍佰元整
错误原因：“人民币”后面多一个冒号。

2. 小写金额为 3150. 50

正确写法：人民币叁仟壹佰伍拾元零伍角整
错误写法：人民币叁仟壹佰伍拾元伍角整
错误原因：漏写一个“零”字。

3. 小写金额为 105000. 00 元

正确写法：人民币壹拾万零伍仟元整
错误写法：人民币拾万伍仟元整
错误原因：漏记“壹”和“零”字。

4. 小写金额 60036000. 00 元

正确写法：人民币陆仟零叁万陆仟元整
错误写法：人民币陆仟万零叁万陆仟元整
错误原因：多写一个“万”字。

5. 小写金额 35000. 96 元

正确写法：人民币叁万伍仟元零玖角陆分
错误写法：人民币叁万伍仟零玖角陆分
错误原因：漏写一个“元”字。

6. 小写金额 150001. 00 元

正确写法：人民币壹拾伍万零壹元整
错误写法：人民币壹拾伍万元另壹元整
错误原因：将“零”写成“另”，多出一个“元”字。

四、汉字书写

1. 常用汉字

零壹贰叁肆伍陆柒捌玖，拾佰仟万亿元角分整

2. 注意事项

① 中文大写是由数字和数位两部分组成，两者缺一不可。数字和数位一定要规范用字，切不可自造字。

② 大写金额前须加结算货币币种名称，如“人民币”等字样。有固定格式的重要单证，大写金额栏一般都印有“人民币”等货币币种字样。

训练　数字书写与练习

【训练目的】

通过本次训练，掌握会计对数字书写的要求。

【训练内容】

数字大小写。

【训练资料】

本日单位十位收银员报来的收入明细资料如下：

收银员交款统计表

人民币面额钞券张数								金额(元)
序号	100元	50元	20元	10元	5元	1元	5角	
1	54	65	72	78	86	18	93	
2	34	42	67	89	60	21	34	
3	23	45	65	76	84	90	70	
4	42	45	23	65	56	78	34	
5	78	56	99	54	87	54	62	

续表

人民币面额钞券张数								金额(元)
序号	100元	50元	20元	10元	5元	1元	5角	
6	34	87	77	32	46	31	32	
7	12	67	33	11	21	21	76	
8	34	54	22	77	54	42	80	
9	56	32	11	66	60	54	67	
10	83	13	10	90	80	90	70	
11	43	23	98	88	19	98	83	
12	12	43	666	55	22	12	52	

要求：根据以上收据面额钞券的数量计算并填写收银员交款统计表。

模块四　鉴别人民币真伪

一、六种方法鉴别 HD90 百元假钞

出纳员在日常工作中经常接触大量的现金，鉴别人民币真伪是出纳最重要的基本技能之一。

鉴别人民币真伪有感观识别法（眼看、手摸、耳听）、仪器检测识别法、尺量法和比较法。

① 百元钞票上有隐形的“100”字样，需要把票面放到和眼睛接近平行，对着光源才能看到。而假币是直接印上去的，任何角度都能看到“100”。

② 图案和文字用手摸，凸凹感会非常明显。假币没有凸凹感。

③ 金属线，真币是完整的一条，假币中间一般有明显断续。

④ 对着光亮看，真币两面的图形会合在一起，成为一个非常完整的中国古铜钱形状。而假币不能合成圆形。

⑤ 这里也有个“100”的隐形字样。假币也有，但和真币对照看，差

别很明显。

⑥ 把真币上下晃动，“100”的字样会变颜色，一会儿变蓝一会儿变绿。假钱完全不变。

二、如何鉴别五十元假钞

① 真币上位于正面左侧空白处，迎光透视，可以看到与主景人像相同、立体感很强的毛泽东头像水印。而假币毛泽东水印的头像不完整，和国徽的倒影不贴近。

② 真币中的安全线，可以看到缩微文字“RMB50”字样，而假币无安全线。真币采用手工雕刻凹版印刷工艺，凹凸感强，易于识别。假币盲点有凹凸感，但不细致，有点粗粗的手感。

三、如何鉴别二十元假钞

① 20 元真币的纸张都是特制的，弹、折叠时都能发出清脆的声音，而假币的声音不同。

② 真币图案清晰，用手触摸有明显的凹凸感。

③ 假币图案模糊，色彩偏重，无凹凸感。

④ 真币的安全线在钞票纸中间，明暗相间。假币的安全线是从正面加印上去的，位置有偏差。

⑤ 假币有数字的重叠现象，没有无色荧光纤维丝，背面的桂林山水无绿色的荧光。

四、如何鉴别十元假钞

假币从外观上看很逼真，但细看就可发现，假币颜色较深，手感较粗糙。而透过灯光，假币毛泽东头像缺乏立体感，水印相对模糊。

五、如何鉴别五元假钞

① 看钞票的水印是否清晰，有无层次感和立体效果。

② 看有无安全线。真币的安全线是在造纸时采用专门工艺夹在纸张中制成的，迎光清晰可见，有的上面还有缩微文字。假币的安全线一般是用特殊油墨描绘在纸张表面，平视可见，迎光看则模糊不清。

六、如何鉴别硬币真伪

① 首先要看是否生锈，真币因为采用的钢质特殊，且镀层牢固，不易生锈，而假币镀层易脱落，极易生锈。

② 看假币的图案清晰与否，真币的花瓣及叶脉非常清晰，而假币则模糊不清。

③ 摸真币的边缘整齐而且厚度均匀，而假币则边缘粗糙并且厚度不均匀。

训练　鉴别人民币真伪

【训练目的】

了解认知人民币真伪的辨别方法。

【训练内容】

知道人民币的防伪标识，并可识别人民币真伪。

【训练方法】

在日常生活中，观察自己的人民币，加强对防伪标识的识别，以达到具有辨别真伪的能力。

项目二

现金收支业务

【学习目标】

1. 熟悉现金收入业务、现金支出业务的一般处理程序。
2. 了解现金保管和盘点工作。
3. 了解基本原始凭证的格式与多联原始凭证各联的用途。
4. 熟悉原始凭证的审核要点。
5. 熟练填制常用的原始凭证。
6. 会正确编制现金收付业务的记账凭证。
7. 设置并根据收付款凭证登记现金日记账。
8. 掌握现金日记账的对账和结账的方法。

【实训资料】

背景资料

企业名称：　太原市嘉越公司（一般纳税人）
开户行：　中国工商银行解放南路支行
账号：　1400011723700
纳税人识别号：　010038244534253
地址：　太原市解放南路1723号　电话　7800023
法人代表：　张力强
会计主管：　李梅
会计：　林茹
出纳：　吴宇
银行预留印鉴：

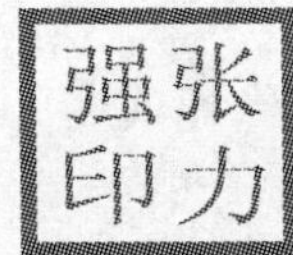

模块一　常用原始凭证的填制

【任务描述】

嘉越公司常用现金收支凭证的填制。

【任务分析】

要掌握现金收支凭证的填制方法，必须了解和掌握原始凭证填制的一般要求，熟悉各类现金收支凭证的格式和填制要求。

【操作程序】

① 对嘉越公司常见现金收支业务进行分析。

② 确定使用的原始凭证。

③ 按任务要求填制原始凭证。

【技能训练】

1. 现金支票的填制

(1) 出票日期（大写）

数字必须大写。大写数字的写法：零、壹、贰、叁、肆、伍、陆、柒、捌、玖、拾。

① 壹月贰月前零字必写，叁月至玖月前零字可写可不写。拾月至拾贰月必须写成壹拾月、壹拾壹月、壹拾贰月（前面多写了“零”字也认可，如零壹拾月）。

② 壹日至玖日前零字必写，拾日至拾玖日必须写成壹拾日及壹拾X日（前面多写了“零”字也认可，如零壹拾伍日，下同），贰拾日至贰拾玖日必须写成贰拾日及贰拾X日，叁拾日至叁拾壹日必须写成叁拾日及叁拾壹日。

(2) 收款人

① 现金支票收款人可写为本单位名称，此时现金支票背面“被背书人”栏内加盖本单位的财务专用章和法人章，之后收款人可凭现金支票直

接到开户银行提取现金。

② 现金支票收款人可写为收款人个人姓名，此时现金支票背面不盖任何章，收款人在现金支票背面填上身份证号码和发证机关名称，凭身份证和现金支票签字领款。

③ 转账支票收款人应填写为对方单位名称。转账支票背面本单位不盖章。收款单位取得转账支票后，在支票背面被背书栏内加盖收款单位财务专用章和法人章，填写好银行进账单后连同该支票交给收款单位的开户银行委托银行收款。

（3）付款行名称、出票人账号

即为本单位开户银行名称及银行账号，例如：工行中国工商银行中关村支行 02000317191141451234，账号小写。

（4）人民币（大写）

数字大写写法：零、壹、贰、叁、肆、伍、陆、柒、捌、玖、亿、万、仟、佰、拾。注意："万"字不带单人旁。

（5）人民币（小写）

最高金额的前一位空白格用"¥"字头打掉，数字填写要求完整清楚。

（6）用途

① 现金支票有一定限制，一般填写"备用金""差旅费""工资""劳务费"等。

② 转账支票没有具体规定，可填写如"货款""代理费"等。

（7）盖章

支票正面盖财务专用章和法人章，缺一不可，印泥为红色，印章必须清晰。印章模糊只能将本张支票作废，换一张重新填写，重新盖章。

实训一 2016 年 5 月 22 日，嘉越公司用支票购买办公用品 1200 元。请填写转账支票（图 2-1）。

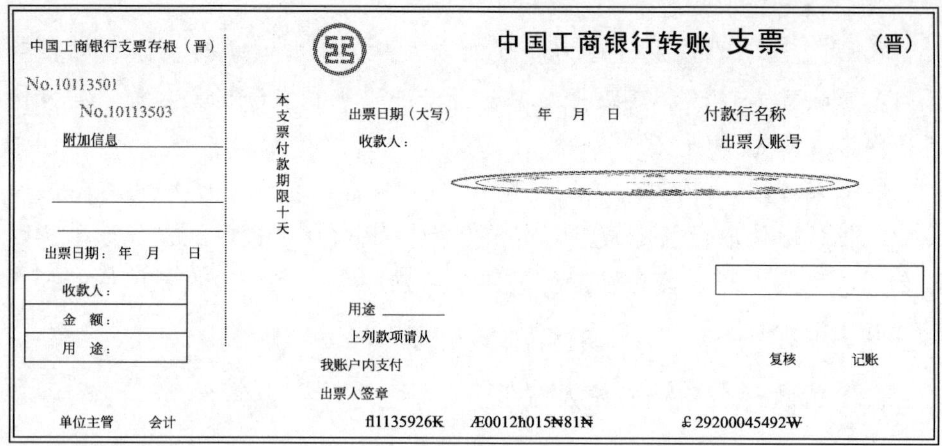
中国工商银行支票存根（晋）
No.10113501
No.10113503
附加信息
出票日期：年 月 日
收款人：
金 额：
用 途：
单位主管 会计
本支票付款期限十天
中国工商银行转账 支票 （晋）
出票日期（大写） 年 月 日 付款行名称
收款人： 出票人账号
用途
上列款项请从
我账户内支付
出票人签章
复核 记账
ﬂ1135926₭ Æ0012ħ015₦81₦ ₤29200045492₩

图 2-1

实训二 2016 年 5 月 31 日，嘉越公司提现 3000 元备用。请填写现金支票（图 2-2）。

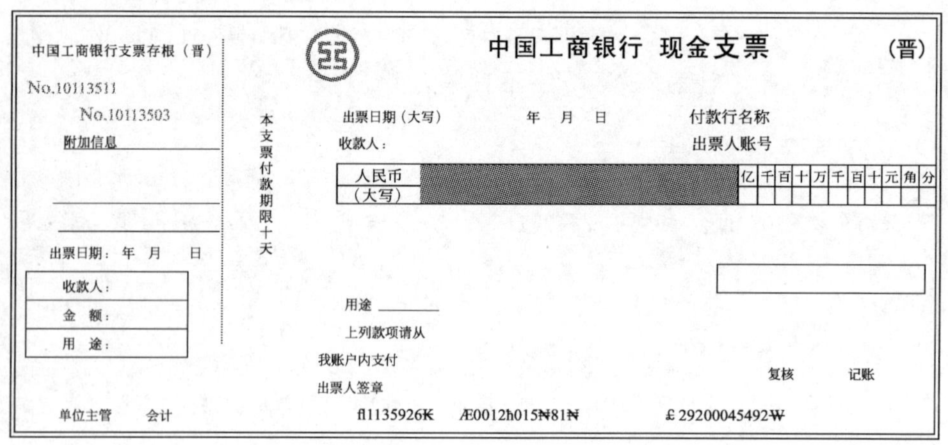
中国工商银行支票存根（晋）
No.10113511
No.10113503
附加信息
出票日期：年 月 日
收款人：
金 额：
用 途：
单位主管 会计
本支票付款期限十天
中国工商银行 现金支票 （晋）
出票日期（大写） 年 月 日 付款行名称
收款人： 出票人账号

人民币（大写）		亿	千	百	十	万	千	百	十	元	角	分

用途
上列款项请从
我账户内支付
出票人签章
复核 记账
ﬂ1135926₭ Æ0012ħ015₦81₦ ₤29200045492₩

图 2-2

2. 收款收据的填写

① 收据不得涂改及撕毁。

② 按日期，号码顺序填写，填写项目要齐全，内容真实，字迹清晰。填写收据应在发生经营业务确认营业收入时开具，根据工商营业执照中规定的范围填写。

③ 未发生经营行为时，一律不得开具收据。如需用收据，提前领收据，请客户签字时注明款未付。

④ 付款方式是单位的，应填写单位全称，不得填写简称。付款方式是个人的，应填写个人全名，不得只填姓或者不填。

实训三 2016 年 5 月 25 日，嘉越公司采购员马琦交回差旅费余款 1028 元，出纳员收款并开具收据。请填写收据（图 2-3）。

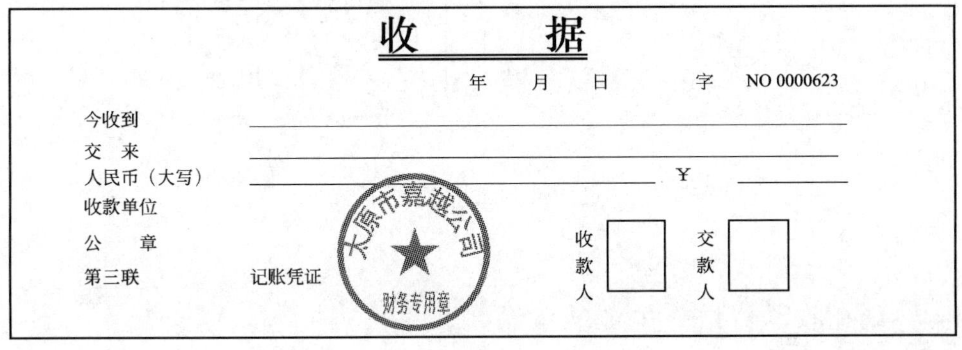

收 据

年 月 日 字 NO 0000623

今收到 ______

交 来 ______

人民币（大写） ______ ￥ ______

收款单位

公 章

第三联 记账凭证

收款人 交款人

图 2-3

3. 银行进账单的填写

① 银行进账单是持票人或收款人将票据款项存入收款人在银行账户的凭证，也是银行将票据款项记入收款人账户的凭证。银行进账单分为三联式银行进账单和二联式银行进账单。不同的持票人，应按照规定使用不同的银行进账单。二联式银行进账单的第一联为给持票人的回单（即收账通知），第二联为银行的贷方凭证。

② 持票人填写银行进账单时，必须清楚地填写票据种类、票据张数、收款人名称、收款人开户银行及账号、付款人名称、付款人开户银行及账号、票据金额等栏目，并连同相关票据一并交给银行经办人员。对于三联式银行进账单，银行受理后，银行应在第一联上加盖转讫章并退给持票人，持票人凭以记账。

实训四 2016 年 6 月 4 日，嘉越公司收到山西省天美公司交来的转账支票一张，金额 35100 元，系付上月货款，出纳即日到银行办理进账手续（天美公司开户行：工行并南支行 账号：1400023778900）。

请填写银行进账单（图 2-4）。

中国工商银行**进账单**（回单或收账通知）

年 月 日

<table>
<tr><td rowspan="3">收
款
人</td><td>全　　称</td><td></td><td rowspan="3">付
款
人</td><td>全　　称</td><td colspan="10"></td></tr>
<tr><td>账号或地址</td><td></td><td>账号或地址</td><td colspan="10"></td></tr>
<tr><td>开户银行</td><td></td><td>开户银行</td><td colspan="10"></td></tr>
<tr><td colspan="4" rowspan="2">人民币（大写）：</td><td></td><td></td><td></td><td></td><td></td><td></td><td></td><td></td><td></td><td></td><td></td></tr>
<tr><td></td><td></td><td></td><td></td><td></td><td></td><td></td><td></td><td></td><td></td><td></td></tr>
<tr><td colspan="2">票据种类</td><td colspan="2">转账支票</td><td colspan="11">收款人开户银行盖章：
中国工商银行
解放南路支行
2016.06.0
转讫</td></tr>
</table>

图 2-4

4. 托收承付结算凭证的填写

托收承付是根据购销合同由收款人发货后委托银行向异地付款人收取款项，由付款人向银行承认付款的结算方式。托收承付结算款项的划回方法分邮寄和电报两种，由收款人选用。

办理托收承付结算的款项，必须是商品交易，以及因商品交易而产生的劳务供应的款项。代销、寄销、赊销商品的款项，不得办理托收承付结算。

① 企业办理托收承付手续时，应填制一式五联的托收承付凭证：

第一联为回单，由收款人开户银行审查无误后加盖印章退给收款人；

第二联为贷方凭证，由收款人开户银行作为贷方凭证；

第三联为借方凭证，由付款人开户银行作为借方凭证；

第四联为收款通知，由收款人开户银行在款项收妥后给收款人；

第五联为付款通知，由付款人开户银行转给付款人作按期付款的通知。

② 签发托收承付凭证必须记载下列事项：

➢ 表明“委托收款”的字样；

➢ 确定的金额；

➢ 付款人名称及账号；

➤ 收款人名称及账号；

➤ 付款人开户银行名称；

➤ 收款人开户银行名称；

➤ 托收附寄单证张数或册数；

➤ 合同名称、号码；

➤ 委托日期；

➤ 收款人签章。

托收承付凭证上欠缺记载上列事项之一的，银行不予受理。

实训五 2016 年 6 月 7 日，接到银行收账通知，收回山西天美公司 5 月 18 日欠款（托收承付结算方式）300000 元，已转入企业账户。

请填写银行托收承付凭证（图 2-5）。

中国工商银行**托收承付**凭证（收账通知）

委托日期： 年 月 日

承付日期： 年 月 日

<table>
<tr><td rowspan="3">付款人</td><td>全　　称</td><td></td><td colspan="2" rowspan="3">收款人</td><td colspan="3">全　　称</td><td colspan="5"></td></tr>
<tr><td>账号或地址</td><td></td><td colspan="3">账号或地址</td><td colspan="5"></td></tr>
<tr><td>开户银行</td><td></td><td colspan="3">开户银行</td><td colspan="5"></td></tr>
<tr><td rowspan="2">托收金额</td><td colspan="2" rowspan="2">人民币（大写）：</td><td>千</td><td>百</td><td>十</td><td>万</td><td>千</td><td>百</td><td>十</td><td>元</td><td>角</td><td>分</td></tr>
<tr><td></td><td></td><td></td><td></td><td></td><td></td><td></td><td></td><td></td><td></td></tr>
<tr><td colspan="2">附　　件</td><td>商品发运情况</td><td colspan="10">合同名称号码</td></tr>
<tr><td colspan="2">附寄单证：3</td><td>已发运</td><td colspan="10">958</td></tr>
<tr><td colspan="2">备注：
中国工商银行
解放南路分行
2016.06.0
转讫</td><td colspan="5">上列款项已由付款人开户银行全额划回收入你方账户。
此致！
收款人
（收款人开户行盖章）　月　日</td><td colspan="6">科目：
对方科目：
转账日期：　年　月　日
单位主管：　　会计：
复核：　　记账：</td></tr>
</table>

图 2-5

5. 委托银行收款结算凭证的填写

① 委托收款，是指收款人委托银行向付款人收取款项的结算方式。委托收款分邮寄和电报划回两种，由收款人选用。前者是以邮寄方式由收款人开户银行向付款人开户银行转送委托收款凭证，提供收款依据的方

式；后者则是以电报方式由收款人开户银行向付款人开户银行转送委托收款凭证，提供收款依据的方式。

② 邮寄划回和电报划回凭证均一式五联。第一联回单，由收款人开户行给收款人的回单；第二联收款凭证，由收款人开户行作收入传票；第三联支款凭证，由付款人开户行作付出传票；第四联收款通知（或发电依据），由收款人开户行在款项收妥后给收款人的收款通知（或付款人开户行凭以拍发电报）；第五联付款通知，由付款人开户行给付款人按期付款的通知。

实训六 2016 年 6 月 12 日，收回山西成成公司 4 月 22 日欠款（委托收款结算方式）234000 元，已转入企业账户（成成公司账户：工行双西分行 账号：789456123000445789）。

请填银行委托收款凭证（图 2-6）。

中国工商银行**委托收款**凭证（收账通知）

委托日期 年 月 日 付款日期：年 月 日

<table>
<tr><td rowspan="3">付款人</td><td>全 称</td><td colspan="2"></td><td rowspan="3">收款人</td><td>全 称</td><td colspan="10"></td></tr>
<tr><td>账号或地址</td><td colspan="2"></td><td>账号或地址</td><td colspan="10"></td></tr>
<tr><td>开户银行</td><td colspan="2"></td><td>开户银行</td><td colspan="10"></td></tr>
<tr><td rowspan="2">托收金额</td><td colspan="5" rowspan="2">人民币（大写）：</td><td>千</td><td>百</td><td>十</td><td>万</td><td>千</td><td>百</td><td>十</td><td>元</td><td>角</td><td>分</td></tr>
<tr><td></td><td></td><td></td><td></td><td></td><td></td><td></td><td></td><td></td><td></td></tr>
<tr><td colspan="2">附 件</td><td colspan="4">商品发运情况</td><td colspan="10">合同名称号码</td></tr>
<tr><td colspan="2">附寄单证：4 张</td><td colspan="4">公路</td><td colspan="10">958</td></tr>
<tr><td colspan="3">备注：中国工商银行 解放南路支行 2016.0612 转讫</td><td colspan="4">上列款项已由付款人开户银行全额划回收入你方账户。
此致！
收款人
（收款人开户行盖章）月 日</td><td colspan="9">科目：
对方科目：
转账日期：2016 年 6 月 12 日
单位主管： 会计：
复核： 记账：</td></tr>
</table>

图 2-6

6. 汇兑结算凭证的填写

① 汇兑结算方式是汇款人（付款企业）委托银行将其款项支付给收款人的结算方式。这种结算方式划拨款项简便、灵活。

汇兑分为信汇、电汇两种。信汇是指汇款人委托银行通过邮寄方式将款项划给收款人。电汇是指汇款人委托银行通过电讯手段将款项划转给收款人。两种方式可由汇款人根据需要选择使用。

② 汇款人委托银行办理信汇或电汇时，应向银行填制一式四联的信汇或一式三联的电汇凭证，加盖预留银行印鉴，并按要求详细填写收、付款人名称、账号、汇入地点及汇入行名称、汇款金额等。

实训七 2016 年 6 月 16 日，2011 年 12 月 18 日，汇出货款偿还前欠山西成成公司货款 280000 元（成成公司账户：工行双西分行 账号：789456123000445789）。请填银行信汇凭证（图 2-7）。

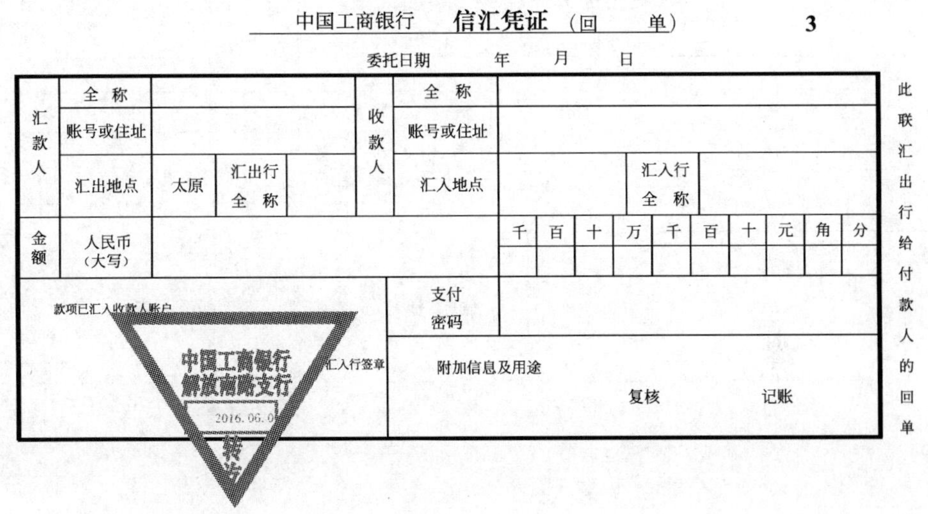

中国工商银行 **信汇凭证**（回 单） 3

委托日期 年 月 日

汇款人	全称				收款人	全称			
	账号或住址					账号或住址			
	汇出地点	太原	汇出行全称			汇入地点		汇入行全称	
金额	人民币（大写）							千 百 十 万 千 百 十 元 角 分	
款项已汇入收款人账户 汇入行签章					支付密码				
					附加信息及用途 复核 记账				

此联汇出行给付款人的回单

图 2-7

7. 银行汇（本）票申请书

① 票据上的记载事项应当真实，不得伪造、变造。伪造、变造票据上的签章和其他记载事项的，应当承担法律责任。

② 将银行本票各联所列项目逐项填写，不可缺漏，手续齐备。

③ 应在发生付款业务且合同规定采用银行本票进行结算时，及时填制本支票给收款人，做到不积压、不误时。

④ 银行本票一般为机制打印，也可用蓝色或黑色钢笔或碳素笔填写，不得使用铅笔及圆珠笔。

⑤ 书写清楚，字迹端正，易于辨认，做到数字书写符合会计上的技术要求，文字工整，不草，不乱，不“造”，不涂改。

实训八 2016年7月15日，从临汾佳佳公司购入商品10000件，并准备以银行汇票形式进行结算。财务科填报“银行汇票申请书”，申请开出面额为50000元的银行汇票。7月15日，双方签订采购合同，商品每件20元，增值税率17%，用银行汇票办理结算。

临汾佳佳公司开户行及账号：临汾市工行尧都路支行，830080798。

请填写银行汇票申请书（图2-8）。

中国工商银行**银行汇票申请书** **2**

申请日期： 年 月 日 第 号

<table>
<tr><td rowspan="3">申请人</td><td>全 称</td><td colspan="4"></td><td rowspan="3">收款人</td><td colspan="3">全 称</td><td colspan="7"></td></tr>
<tr><td>账号或地址</td><td colspan="4"></td><td colspan="3">账号或地址</td><td colspan="7"></td></tr>
<tr><td>用 途</td><td colspan="4"></td><td colspan="3">代理付款行</td><td colspan="7"></td></tr>
<tr><td rowspan="2">汇款金额</td><td colspan="6" rowspan="2">人民币（大写）：</td><td>千</td><td>百</td><td>十</td><td>万</td><td>千</td><td>百</td><td>十</td><td>元</td><td>角</td><td>分</td></tr>
<tr><td></td><td></td><td></td><td></td><td></td><td></td><td></td><td></td><td></td><td></td></tr>
<tr><td colspan="5">上述款项请从我账户内支付
申请人盖章</td><td colspan="12">科目（借）：
对方科目（贷）：
转账日期： 年 月 日
单位主管： 会计：
复核： 记账：</td></tr>
</table>

图2-8

模块二　原始凭证的审核

【任务描述】

嘉越公司现金收支凭证的审核。

【任务分析】

要掌握现金收支凭证的审核，必须了解和掌握原始凭证审核的一般方法和要求，并具备基本的判断和处理能力。

【操作程序】

① 对嘉越公司部分已填制的原始凭证进行审核。

② 对审核结果进行处理。

【技能训练】

1. 原始凭证的审核

对原始凭证进行审核，是保证会计信息质量的一项重要措施。会计法明确规定，会计机构、会计人员必须按照国家统一的会计制度规定对原始凭证进行审核，对不真实、不合法的原始凭证有权不予接受，并向单位负责人报告；对记载不准确、不完整的原始凭证予以退回，并要求按照国家统一的会计制度规定更正、补充。

(1) 合规性审核

单据种类要合法，是否是符合财政、税务部门允许使用的发票、收据；对于通用原始凭证（如发票、火车票），要有一定的真伪鉴别能力；内部自制凭证，应符合内控制度要求等；原始凭证反映的经济业务是否符合现行财政、税收、经济、金融等有关的法令规定，是否符合《会计法》等相关法律法规；开票方是否具备与业务一致的资质；原始凭证记载的经济业务内容是否合法，是否符合单位的有关规章制度；依合同发生的原始凭证是否符合相关合同规定等。

(2) 真实性审核

即审查原始凭证所反映的经济业务是否同实际情况相符合，如购买货物的原始凭证应有相关的验收记录。

(3) 完整性审核

单据“要素”是否齐全，即审核凭证的名称；凭证填制日期和编号，接受单位名称，经济业务内容：数量、单价和金额，填制凭证单位名称及经办人的签名并盖章等；附有附件的原始凭证所附单据是否完整；报销票据是否符合公司审批规定，并经公司各级领导签章确认；主要审核领导审批签字是否有误。支付款项的外来原始凭证，除经办人员必须签字或盖章外，还必须按本单位规定的审批程序、权限，由相应的负责人审批盖章。自制的原始凭证，也必须由经办单位的领导人或者由单位领导人指定的人员审批签章。

(4) 准确性审核

主要看数字是否清晰，文字是否工整，书写是否规范，凭证联次是否正确，有无刮擦、涂改和挖补等。例如数字大小写是否相符，计算是否正确；发票开具有无超过限额；数量、单价是否等于金额；分项金额相加是否等于合计数。

(5) 合理性审核

原始凭证所记录经济业务是否符合企业经营活动的需要，是否符合有关的计划和预算等。例如，费用开支是否有相应的计划或预算，是否是在经批准的计划和预算范围内，各项支出累计是否已达当月（当年）该项费用预算限额；财会人员还要审核根据现行有关财经法规、财务制度的规定，严格审查修理费、会议费、招待费、差旅费、电话费等各项费用是否合理和符合开支标准；费用水平或产品单价是否与同期同类产品和服务存在差异。

2. 对审核有误原始凭证的处理

① 对于违反财经纪律的一切开支，会计人员有权拒绝支付和报销。

② 对不符合法令规定的经济业务，有权拒绝执行并及时向有关部门和领导汇报。例如，对违反国家规定的收支，超过计划、预算或者超过规定标准的各项支出，违反制度规定的预付款项，非法出售材料、物资，任意出借、变卖、报废和处理财产物资，以及不按国家关于成本开支范围和费用划分的规定乱挤乱摊生产成本的凭证，会计人员应拒绝办理。

③ 对于审核中发现的填写不齐全、手续不齐备的原始凭证，会计人员有权退回给填制单位或经办人员，要求其及时补办完整，否则不予受理。例如，发票没有相关人员签字，发票抬头空白等。

④ 对于审核中发现的填写、计算金额有误的原始凭证，或是书写不规范的原始凭证，要退回给有关部门或人员，补齐手续或更正错误。

⑤ 对于原始凭证记载的内容有错误的，应当由开具单位重开或更正。更正工作必须由原始凭证出具单位进行，并在更正处加盖出具单位印章。重新开具原始凭证也应当由原始凭证开具单位进行。原始凭证金额出现错误的不得更正，只能由原始凭证开具单位重新开具。

实训一 图 2-9 是嘉越公司新来的出纳张丽填写的一张现金支票，请对这张支票进行审核并指出其错误的类型和内容，对该张有问题支票应如何处理？

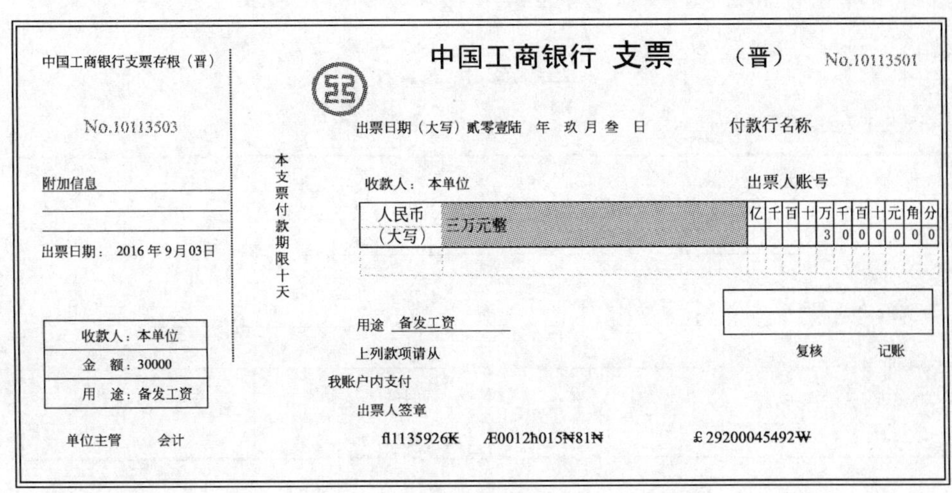
中国工商银行支票存根（晋）
No.10113503
附加信息
出票日期：2016 年 9 月 03 日
收款人：本单位
金　额：30000
用　途：备发工资
单位主管　　会计

中国工商银行 支票　（晋）　No.10113501
本支票付款期限十天
出票日期（大写）贰零壹陆 年 玖 月 叁 日　　付款行名称
收款人：本单位　　出票人账号

人民币（大写）	三万元整	亿	千	百	十	万	千	百	十	元	角	分
						3	0	0	0	0	0	0

用途 备发工资
上列款项请从
我账户内支付
出票人签章
复核　　记账

图 2-9

实训二 嘉越公司办公室王元为公司购买了一批办公用品，持购货发票到财务科要求报销（图 2-10）。请问财务人员能为他办理报销手续吗？如果不能办理，应该如何处理？

山西省国家税务局通用手工发票

发 票 联

发票代码 114001136201

发票号码 01517226

付款单位：嘉越公司　　　　年　月　日

项目内容	金额						备注
	千	百	十	元	角	分	
文具	¥	5	7	2	5	6	
合计人民币（大写）伍佰柒拾贰元伍角陆分	¥	5	7	2	5	6	

收款单位名称：　　　　开票人：刘静

收款单位税号：140011414034225

（印章：太原市小店区日用品便利经销店 140011414034225 发票专用章）

图 2-10

实训三 嘉越公司业务员李敏准备到上海出差，持一张借款单（图 2-11）到财务科借款 3000 元，请问出纳能否为她办理借款手续？为什么？

借款单

部门：销售部　　　　2016 年 9 月 12 日　　　　第　号

今借到 差旅费

人民币（大写）叁仟元整　　¥ 3000.00

借款用途说明 出差

主管人批准	财务负责人意见	部门负责人意见	借款人（签章）

会计　　复核　　出纳　　经手

图 2-11

模块三　现金收入业务处理

【任务描述】

嘉越公司现金收入业务的分析和处理。

【任务分析】

要掌握现金收支凭证的审核，必须了解和掌握现金收入核算的一般方法和要求，并具备基本业务处理能力。

【操作程序】

① 对嘉越公司现金收入凭证进行分析。

② 对现金收入业务进行处理。

【技能训练】

1. 现金使用范围

① 职工工资、津贴。

② 个人劳务报酬。

③ 根据国家规定颁发给个人的科学技术、文化艺术、体育等各种奖金。

④ 各种劳保、福利费用以及国家规定的对个人的其他支出。

⑤ 向个人收购农副产品和其他物资的价款。

⑥ 出差人员必须随身携带的差旅费。

⑦ 结算起点以下的零星支出。

⑧ 中国人民银行确定需要支付现金的其他支出。

钱款结算起点定为1000元。结算起点的调整，由中国人民银行确定，报国务院备案。

2. 库存现金限额管理

(1) 库存现金限额

库存现金限额是指国家规定由开户银行给各单位核定一个保留现金的

最高额度。核定单位库存限额的原则是，既要保证日常零星现金支付的合理需要，又要尽量减少现金的使用。开户单位由于经济业务发展需要增加或减少库存现金限额，应按必要手续向开户银行提出申请。

（2）库存现金限额的核定办法

一个单位在几家银行开户的，由一家开户银行核定开户单位库存现金限额。凡在银行开户的独立核算单位都要核定库存现金限额。独立核算的附属单位，由于没有在银行开户，但需要保留现金，也要核定库存现金限额，其限额可包括在其上级单位库存限额内。商业企业的零售门市部需要保留找零备用金，其限额可根据业务经营需要核定，但不包括在单位库存现金限额之内。

按照《现金管理暂行条例》及实施细则规定，库存现金限额由开户银行和开户单位根据具体情况商定，凡在银行开户的单位，银行根据实际需要核定 3～5 天的日常零星开支数额，作为该单位的库存现金限额。边远地区和交通不便地区的开户单位，其库存现金限额的核定天数可以适当放宽在 5 天以上，但最多不得超过 15 天的日常零星开支的需要量。

库存现金限额经银行核定批准后，开户单位应当严格遵守，每日现金的结存数不得超过核定的限额。如库存现金不足限额时，可向银行提取现金，不得在未经开户银行准许的情况下“坐支”现金。库存现金限额一般每年核定一次，单位因生产和业务发展、变化需要增加或减少库存限额时，可向开户银行提出申请，经批准后，方可进行调整，单位不得擅自超出核定限额增加库存现金。

3. 现金收支规定

① 开户单位收入的库存现金应当于当日送存开户银行。当日送存确有困难的，由开户银行确定送存时间。

② 开户单位支付现金，可以从本单位库存现金中支付或从开户银行提取，不得“坐支”库存现金。因特殊情况需要坐支库存现金的单位，应当事先报经有关部门审查批准，并在核定的范围和限额内进行。同时收支的库存现金必须入账。

③ 不准用不符合财务制度的凭证顶替库存现金，即不得“白条

顶库”。

④ 不准用银行账户代其他单位和个人存入或支取库存现金。不准用单位收入的现金以个人名义存入储蓄。

⑤ 不得“公款私存”；不得设置“小金库”。

4. 现金收入业务处理

(1) 填制审批原始凭证

出纳人员在处理收款业务时，首先审核外来的原始凭证，如发票、各种收据，审核该项业务的合理性、合法性，以及该凭证所反映的商品数量、单价、金额是否正确，有无刮擦、涂改迹象，有无相关负责人签章，对其票据的真实性进行审核。

(2) 编制记账凭证

① 填制现金出纳凭证的内容必须齐全，书写清晰，数据规范，会计科目准确，编号合理，签章手续完备。

② 现金出纳凭证的内容必须齐全，凡是凭证格式上规定的各项内容必须逐项填写齐全，不得遗漏和省略，以便完整地反映经济活动全貌。

③ 填写现金出纳凭证的文字、数字必须清晰、工整、规范。

④ 记账凭证中所运用的会计科目必须适当。按照原始凭证所反映的现金出纳业务的性质，根据会计制度的规定，确定应“收”和应“付”会计科目，需要登记明细账的还应列明二级科目和明细科目的名称并据以登账。一般来说，出纳人员只涉及收付款凭证，不涉及转账凭证。对于收款凭证，其借方科目为“库存现金”或“银行存款”，其贷方科目则应根据经济业务内容视具体情况而定。例如，贷记“主营业务收入”“其他业务收入”等。对于付款凭证，贷方科目为“现金”或“银行存款”，借方科目也是根据经济业务内容视具体情况而定。例如，借记“原材料”“物资采购”“管理费用”等。

⑤ 现金出纳凭证要求连续编号以便备查，如一式三联的发票收据都应连续编号，按编号顺序使用。作废时应加盖“作废”戳记，连同存根联

一起保存，不得撕毁。记账凭证一般是按月顺序编号，可采取两种方式：一是将收付款凭证自每月第一笔业务，顺序编至月末最后一笔业务；二是收付款凭证与转账凭证混合编号。无论选择哪种方式，需注意的是不可以有漏号、重号错误。

⑥ 现金出纳的签章必须完备。从外单位或个人取得的原始凭证，必须盖有填制单位的公章或财务专用章。出纳人员办理收付款项以后，应在收付款的原始凭证上加盖“收讫”“付讫”戳记。记账凭证中要有凭证填制人员、稽核人员、记账人员、会计人员的签章。

⑦ 记账凭证审核。记账凭证审核包括以下方面。

➢ 记账凭证记录的经济业务与所附原始凭证的内容是否相符，记账凭证是否如实附有原始凭证，记账凭证的附件份数（张数）填列是否与实际份数（张数）一致。

➢ 记账凭证中的应借、应贷账户的名称、金额及其对应关系是否正确。

➢ 记账凭证中有关项目填写是否齐备，是否符合规范等。

➢ 摘要栏的填写是否清楚，是否准确且简要说明了所附原始凭证反映的经济内容。对于记账凭证复核中发现的问题，应及时处理，包括手续、内容的补办、补填或拒绝办理。对错误的凭证，应根据有关规定进行重新填制或更正错误。

➢ 现金出纳凭证的保管。现金出纳凭证是记录经济业务重要的会计核算资料，同时也是重要的经济档案、历史资料，是登记账簿的依据，因此其必须妥善保管，要将其按编号顺序进行装订成册，并在封面上注明企业名称、记账凭证种类、起止号数、年度月份和起止日期，并由有关人员签字盖章，其目的在于便于事后查找。

实训一　2016 年 8 月 12 日，嘉越公司从银行提取现金 2000 元备用，要求填写现金支票（图 2-12），并据此填制记账凭证（图 2-13）。

小知识

从银行提取现金的程序如下。

（1）签发现金支票。

（2）取款。取款人收到银行出纳人员付给的现金时，一般应当面清点现金数量，清点无误后才离开柜台，切不可离开柜台后点数。如果提取现金的数额较大，当面清点确有困难的，应当将大捆大把的数字核对清楚，并当面点清散把和零张钞票后，把现金全部装入取款袋（或箱），回单位后进一步清点。清点现金时，一般应先检查封签、类别和把数是否相符，然后再具体点钞。点钞的一般程序是：先点捆数，捆数无误再拆捆复点把数，把数点完后才点零张。

（3）记账。各单位用现金支票提取现金，应根据支票存根编制银行存款付款凭证，其会计分录为

借：库存现金

贷：银行存款

中国工商银行支票存根（晋）

No.10113503

附加信息

1400011723700

出票日期：年 月 日

收款人：

金 额：

用 途：

单位主管 会计

中国工商银行 支票 （晋） No.10113511

出票日期（大写）贰零壹陆 年 零捌 月 壹拾贰 日 付款行名称 中国工商银行解放南路支行

本支票付款期限十天

收款人：太原市嘉越公司 出票人账号

人民币（大写）	亿	千	百	十	万	千	百	十	元	角	分

用途

上列款项请从

我账户内支付

出票人签章

复核 记账

fl1135926K Æ0012h015N81N £29200045492W

图 2-12

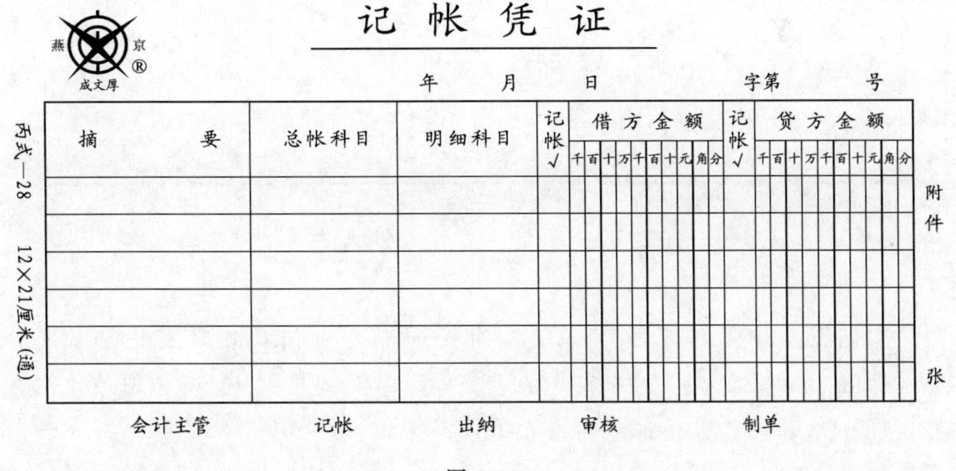

燕京 成文厚®

记帐凭证

年 月 日 字第 号

摘要	总帐科目	明细科目	记帐√	借方金额 千	百	十	万	千	百	十	元	角	分	记帐√	贷方金额 千	百	十	万	千	百	十	元	角	分

附件 张

丙式—28 12×21厘米（通）

会计主管 记帐 出纳 审核 制单

图 2-13

实训二　2016 年 8 月 14 日，业务员王海出差回来，报销差旅费 1200 元（原借 1500 元），交回差旅费余款 300 元。要求：审核报销凭单（图 2-14 和图 2-15）并填制记账凭证（图 2-16）。

差旅费 报销单

单位名称：　　　　　　　　　　　　　　　　　　填报日期：　2016年08月14日

姓 名	王海	出差地点	运城、长治、临汾	出差日期	自：08月 12日 至：08月 14日
出差事由	推销				
发生费用	交通费	住宿费	伙食补贴	其他	合 计
	800.00	200.00	100.00	100.00	1200.00
合 计	人民币（大写）壹仟贰佰元整			(小写)￥1200.00	
预借金额	￥1500.00	应退金额	300.00	应补金额	

批准人：张立强　　审核人：林茹　　部门主管：李梅　　出差人：王海

图 2-14

现金收入凭单

附件18张　　　　　　　　2016年08月14日　　　　　　　　对方科目编号：

款项来源：退回差旅费余款

人民币（大写）　叁佰元整　　　　￥320.00

交款人（签章）王海　　主管人员（签章）李梅　　会计人员（签章）林茹

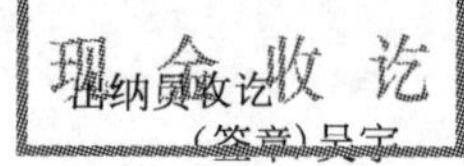

出纳员收讫（签章）吴宇

图 2-15

实训三　2016 年 8 月 20 日，嘉越公司销售部门收到零星销货款 585 元（货款 500 元，增值税 85 元）。要求：审核原始凭证（图 2-17 和图 2-18）并填制记账凭证（图 2-19）。

燕京 成文厚®

记 帐 凭 证

年　　月　　日　　　　　　字第　　　号

丙式—28　12×21厘米(通)

摘要	总帐科目	明细科目	记帐√	借方金额										记帐√	贷方金额									
				千	百	十	万	千	百	十	元	角	分		千	百	十	万	千	百	十	元	角	分

附件　　张

会计主管　　记帐　　出纳　　审核　　制单

图 2-16

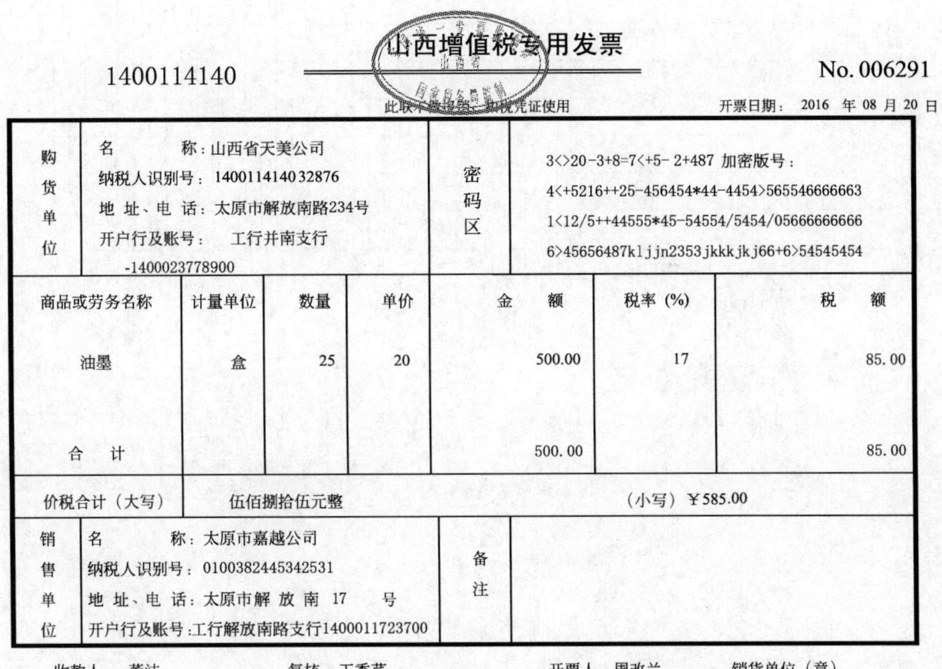

山西增值税专用发票

1400114140　　　　No. 006291

此联不做报销、扣税凭证使用　　　　开票日期：2016 年 08 月 20 日

购货单位	名　　称：山西省天美公司 纳税人识别号：1400114140 32876 地 址、电 话：太原市解放南路234号 开户行及账号：　工行并南支行-1400023778900	密码区	3<>20-3+8=7<+5- 2+487 加密版号： 4<+5216++25-456454*44-4454>565546666663 1<12/5++44555*45-54554/5454/05666666666 6>45656487kljjn2353jkkkjkj66+6>54545454

商品或劳务名称	计量单位	数量	单价	金额	税率 (%)	税额
油墨	盒	25	20	500.00	17	85.00
合　计				500.00		85.00
价税合计（大写）	伍佰捌拾伍元整			（小写）￥585.00		

销售单位	名　　称：太原市嘉越公司 纳税人识别号：0100382445342531 地 址、电 话：太原市解 放 南 17　号 开户行及账号：工行解放南路支行1400011723700	备注	

收款人：董洁　　复核：王秀芹　　开票人：周改兰　　销货单位（章）

图 2-17

现金收入凭单

附件1 张　　　　2016年08月20日　　　　对方科目编号：

款项
来源：销货款

人民币
（大写）伍佰捌拾元整　　　　￥580.00

交款人　　　　主管人员　　　　会计人员　　　　出纳员收讫
（签章）董洁　（签章）李梅　（签章）林茹　（签章）吴宇

现金收讫

图 2-18

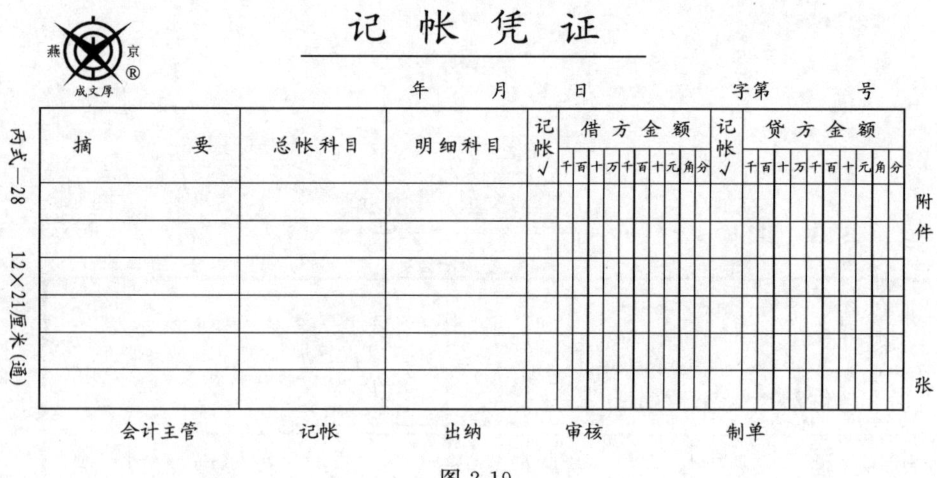

记 帐 凭 证

燕京 成文厚®

年　　月　　日　　　　字第　　　　号

丙式—28　12×21厘米（通）

摘　　要	总帐科目	明细科目	记帐√	借方金额 千	百	十	万	千	百	十	元	角	分	记帐√	贷方金额 千	百	十	万	千	百	十	元	角	分

附件　　张

会计主管　　　记帐　　　出纳　　　审核　　　制单

图 2-19

模块四　现金支出业务处理

【任务描述】

嘉越公司现金支出业务的分析和处理。

【任务分析】

要掌握现金收支凭证的审核，必须了解和掌握现金收入核算的一般方法和要求，并具备基本业务处理能力。

【操作程序】

① 对嘉越公司现金支出凭证进行分析。

② 对现金支出业务进行处理。

【技能训练】

任何单位的现金支出主要用于现金开支范围，它的控制关键是应有一定健全的审批制度与手续，只有经过审批的款项，并符合现金管理规定及在现金使用范围内才能支付。

现金支出的内部控制主要注意以下控制要点。

（1）建立健全现金开支审批制度

建立健全现金开支审批制度，是规范现金支出的重要依据。现金开支审批制度一般应包括以下内容。

① 明确本单位现金开支的范围　各单位应按《现金管理暂行条例》及其实施细则的规定，确定本单位的现金开支范围，如支付职工工资、支付职工差旅费、支付职工因公借款、支付零星采购材料款和运杂费等。

② 制定各种报销凭证，规定报销手续和办法　各单位应根据其业务内容制定各种报销凭证，如工资支付单、借款单、购料凭单、差旅费报销单等，并规定各种报销凭证的使用方法，以及各种凭证的传递手续，确定各种现金支出业务的报销办法。

③ 确定各种现金支出的审批权限　各单位应根据其经营规模、内部员工职责分工等，确定不同额度和不同的现金支出审批权限。比如，有的企业规定：凡是现金开支额在500元以下的由财务主管审查批准；凡是现

金开支额在500元以上5000元以下的由公司副经理批准；凡是现金开支额在5000元以上的由公司最高领导人批准等。出纳员按所规定权限经审核批准并签章的付款凭证及其所附的原始凭证办理现金付款业务，没有经过审核批准并签章的，或者有关人员超越规定审批权限的，出纳员不予付款。

（2）必要的原始凭证

一切现金付款业务必须有原始凭证。由经办人填制报销凭证，并经主管人员审核同意签字，然后送财务部门审核认可后填制付款凭证，出纳员据以付款。对于已付讫的凭证，应在有关原始凭证上加盖“现金付讫”戳记，以防止重复付款。

（3）空白收据和发票保管

空白收据和发票应由非收款人和开票人员专人保管，并建立收据和发票的领用和核销制度。

（4）尽量延迟付款

单位应采用一定的策略与方法，妥善安排现金支出的数额和时间。例如，企业应在不损害本企业信誉的前提下，尽可能延迟现金支出的实际支付时间，从而使企业的资金延长在其账户的停留时间，增大企业的现金机动余地。

实训一 2016年8月23日，报销管理人员电话费214.35元，要求：审核报销凭单（图2-20和图2-21）并填制记账凭证（图2-22）。

实训二 2016年8月25日，销售部门王凯报销业务招待费561元，以现金付讫。要求：审核报销凭单（图2-23～图2-25）并填制记账凭证（图2-26）。

晋中信利印有限

山西省邮电通讯业发票

发票代码214011041001

发票联

发票号码25211927

收款：中国联合网络通信有限公司太原市分公司 2016 年 8 月 20日 纳税人识别号140106728183815

单位号码	12134112645	业务种类		客户名称	张杰
合计人民币	（大写）贰佰壹拾肆元叁角伍分				¥214.35
交款明细项目					收款单位（章）
本月发生费用：131.17 本月冲销费用：0.00 实时费用： 本月应缴费用：131.17 本次实缴费用：当前余额：0 本月：20110130-20111202 月固定费用 33.00 合计 214.35 语音通话费 181.35					收费人：TYZ12408

② 发票联

验证发票真伪请到当地缴费营业厅 手写无效

图 2-20

现金支出凭单

附件 张 年 月 日 对方科目编号：

用款事项：电话费

人民币（大写）贰佰壹拾肆元叁角伍分 ¥214.35

现金收讫

收款人（签章） 主管人员（签章） 会计人员（签章） 出纳员付讫（签章）

图 2-21

记 帐 凭 证

燕京 成文厚®

年 月 日 字第 号

摘要	总帐科目	明细科目	记帐√	借方金额 千	百	十	万	千	百	十	元	角	分	记帐√	贷方金额 千	百	十	万	千	百	十	元	角	分

附件 张

丙式—28 12×21厘米（通）

会计主管 记帐 出纳 审核 制单

图 2-22

现金支出凭单

附件　张　　　　2016年8月25日　　　　对方科目编号：

用　款
事　项：业务招待费

人民币
（大写）　伍佰陆拾壹元整　　　　¥561.00

现金收讫

交款人	主管人员	会计人员	出纳员收讫
（签章）	（签章）李梅	（签章）林茹	（签章）吴宇

图 2-23

山西省地方税务局通用机打发票

发　票　联

发票代码　214011141606
发票号码　05098728

开票日期　2016　年　8　月　24　日

行业分类　饮食业

付款方名称　太原市嘉越公司

项　目	数量	单价	金额
餐费			323.00

备注

小计　¥ 323.00

大写合计　叁佰贰拾叁元整

收款方名称　太原市瑞江饭店二部

纳税人识别号　140102197408081416O1

收款人　冀永利

机打代码　21401141606

机打号码　05098728

防伪码　41736776663628775943

图 2-24

山西省地方税务局通用机打发票

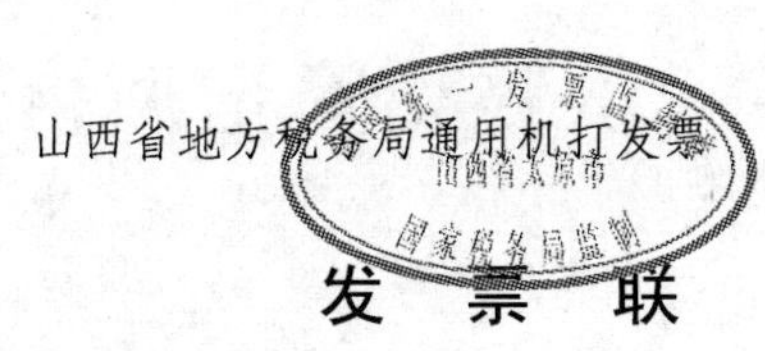

发　票　联

发票代码　214011071029
发票号码　04217021
开票日期　2016 年 8 月 24 日
行业分类　饮食业
付款方名称　太原市嘉越公司

项　目	数量	单价	金额
餐费			238.00

备注
小计　¥ 238.00
收款方名称　太原市海外海餐饮有限公司
纳税人识别号　140105732405100
收款人　03
机打代码　21401152208
机打号码　05098756
防伪码　41736776663628254943

图 2-25

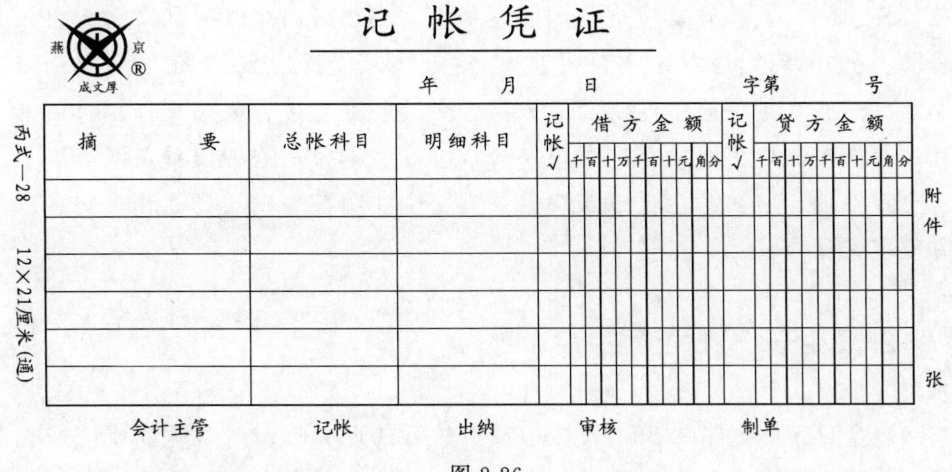

燕京 成文厚®

记　帐　凭　证

年　月　日　　字第　号

丙式—28　12×21厘米(通)

摘　要	总帐科目	明细科目	记帐√	借方金额 千	百	十	万	千	百	十	元	角	分	记帐√	贷方金额 千	百	十	万	千	百	十	元	角	分

附件　张

会计主管　记帐　出纳　审核　制单

图 2-26

模块五　设置和登记现金日记账

【任务描述】

嘉越公司现金日记账的设置和登记。

【任务分析】

要掌握现金日记账的设置和登记，必须分析现金收支业务，根据审核无误的收、付款凭证或记账凭证以及所附的原始凭证，按照账簿登记的一般要求及日记账登记的方法和要求进行。

【操作程序】

① 对嘉越公司现金收付相关凭证进行分析。

② 设置和登记现金日记账。

【技能训练】

1. 现金日记账的启用

现金日记账是各单位重要的经济档案之一，为保证账簿使用的合法性，明确经济责任，防止舞弊行为，保证账簿资料的完整和便于查找，各单位在启用时，首先要按规定内容逐项填写“账簿启用表”和“账簿目录表”。在账簿启用表中，应写明单位名称、账簿名称、账簿编号和启用日期；在经管人员一栏中写明经管人员姓名、职别、接管或移交日期，由会计主管人员签名盖章，并加盖单位公章。在一本日记账中设置有两个以上现金账户的，应在第二页“账户目录表”中注明各账户的名称和页码，以方便登记和查核。

2. 现金日记账的登记

现金日记账通常由出纳人员根据审核后的现金收、付款凭证或记账凭证，逐日逐笔顺序登记。登记现金日记账总的要求是：分工明确，专人负责，凭证齐全，内容完整，登记及时，账款相符，数字真实，表达准确，书写工整，摘要清楚，便于查阅，不重记，不漏记，不错记，按期结账，不拖延积压，按规定方法更正错账等。具体要求如下。

① 根据复核无误的收、付款记账凭证记账。现金出纳人员在办理收、付款时，应当对收款凭证和付款凭证进行仔细的复核，并以经过复核无误的收、付款记账凭证和其所附原始凭证作为登记现金日记账的依据。

② 所记载的内容必须同会计凭证相一致，不得随意增减。每一笔账都要记明记账凭证的日期、编号、摘要、金额和对应科目等。经济业务的摘要不能过于简略，应以能够清楚地表述业务内容为度，便于事后查对。日记账应逐笔分行记录，不得将收款凭证和付款凭证合并登记，也不得将收款、付款相抵后以差额登记。登记完毕，应当逐项复核，复核无误后在记账凭证上的“账页”一栏内做出“过账”符号“√”，表示已经登记入账。

③ 逐笔、序时登记日记账，做到日清月结。为了及时掌握现金收、付和结余情况，现金日记账必须当日账务当日记录，并于当日结出余额。有些现金收、付业务频繁的单位，还应随时结出余额，以掌握收、支计划的执行情况。

④ 必须连续登记，不得跳行、隔页，不得随便更换账页和撕去账页。现金日记账采用订本式账簿，其账页不得以任何理由撕去，作废的账页也应留在账簿中。在一个会计年度内，账簿尚未用完时，不得以任何借口更换账簿或重抄账页。记账时必须按页次、行次、位次顺序登记，不得跳行或隔页登记，如不慎发生跳行、隔页时，应在空页或空行中间划线加以注销，或注明“此行空白”、“此页空白”字样，并由记账人员盖章，以示负责。

⑤ 文字和数字必须整洁清晰，准确无误。在登记书写时，不要滥造简化字，不得使用同音异义字，不得写怪字体；摘要文字紧靠左线；数字要写在金额栏内，不得越格错位、参差不齐；文字、数字字体大小适中，紧靠下线书写，上面要留有适当空距，一般应占格宽的二分之一，以备按规定的方法改错。记录金额时，如为没有角分的整数，应分别在角分栏内写上“0”，不得省略不写，或以“—”号代替。阿拉伯数字一般应自左向右适当倾斜，以使账簿记录整齐、清晰。

⑥ 使用钢笔，以蓝、黑色墨水书写，不得使用圆珠笔（银行复写账簿除外）或铅笔书写。但按照红字冲账凭证冲销错误记录及会计制度中规

定用红字登记的业务可以用红色墨水记账。

⑦ 每一账页记完后，必须按规定转页。为便于计算了解日记账中连续记录的累计数额，并使前后账页的合计数据相互衔接，在每一账页登记完毕结转下页时，应结出本页发生额合计数及余额，写在本页最后一行和下页第一行的有关栏内，并在摘要栏注明“过次页”和“承前页”字样。也可以在本页最后一行用铅笔字结出发生额合计数和余额，核对无误后，用蓝、黑色墨水在下页第一行写出上页的发生额合计数及余额，在摘要栏内写上“承前页”字样，不再在本页最后一行写“过次页”的发生额和余额。

⑧ 现金日记账必须逐日结出余额，每月月末必须按规定结账。现金日记账不得出现贷方余额（或红字余额）。

⑨ 记录发生错误时，必须按规定方法更正。为了提供在法律上有证明效力的核算资料，保证日记账的合法性，账簿记录不得随意涂改，严禁刮、擦、挖、补，或使用化学药物清除字迹。发现差错，必须根据差错的具体情况采用划线更正、红字更正、补充登记等方法更正。

实训 嘉越公司 2016 年 9 月初现金日记账余额为 500 元，本月发生下列有关经济业务。

① 1 日，职工陈光预借差旅费 200 元，经审核，以现金付讫。

② 2 日，签发现金支票 4000 元，从银行提取现金，以备日常开支需要。

③ 6 日，签发现金支票 46000 元，从银行提取现金，以备发放工资。

④ 7 日，以现金 46000 元发放本月工资。

⑤ 7 日，办公室报销办公费用，经审核，以现金 190 元支付。

⑥ 12 日，采购员王民回厂报销差旅费 450 元，原借 500 元，余款退回现金。

⑦ 14 日，仓库保管员交来现金 60 元，偿还上月责任事故欠交赔款。

⑧ 14 日，以现金 160 元，垫付购进材料时的运杂费。

⑨ 17 日，以现金 490 元支付滞纳金。

⑩ 28 日，将超过库存现金限额的现金 30 元送交银行。

要求：① 编制上述业务的记账凭证（图 2-27～图 2-36）。

② 根据以上业务登记现金日记账（图 2-37）。

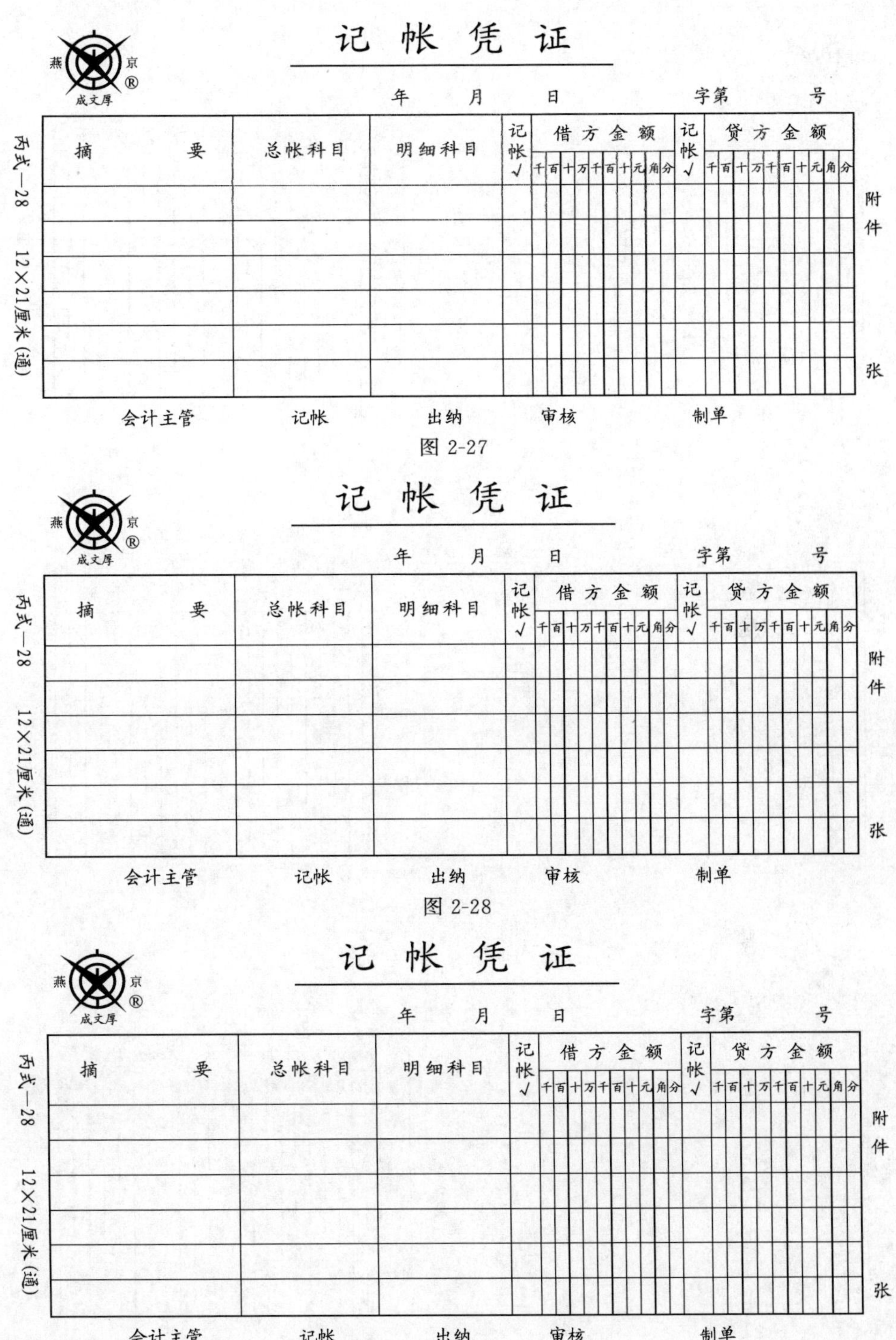

燕京 ® 成文厚

记帐凭证

年 月 日 字第 号

丙式—28 12×21厘米(通)

摘要	总帐科目	明细科目	记帐√	借方金额										记帐√	贷方金额									
				千	百	十	万	千	百	十	元	角	分		千	百	十	万	千	百	十	元	角	分

附件 张

会计主管 记帐 出纳 审核 制单

图 2-27

燕京 ® 成文厚

记帐凭证

年 月 日 字第 号

丙式—28 12×21厘米(通)

摘要	总帐科目	明细科目	记帐√	借方金额										记帐√	贷方金额									
				千	百	十	万	千	百	十	元	角	分		千	百	十	万	千	百	十	元	角	分

附件 张

会计主管 记帐 出纳 审核 制单

图 2-28

燕京 ® 成文厚

记帐凭证

年 月 日 字第 号

丙式—28 12×21厘米(通)

摘要	总帐科目	明细科目	记帐√	借方金额										记帐√	贷方金额									
				千	百	十	万	千	百	十	元	角	分		千	百	十	万	千	百	十	元	角	分

附件 张

会计主管 记帐 出纳 审核 制单

图 2-29

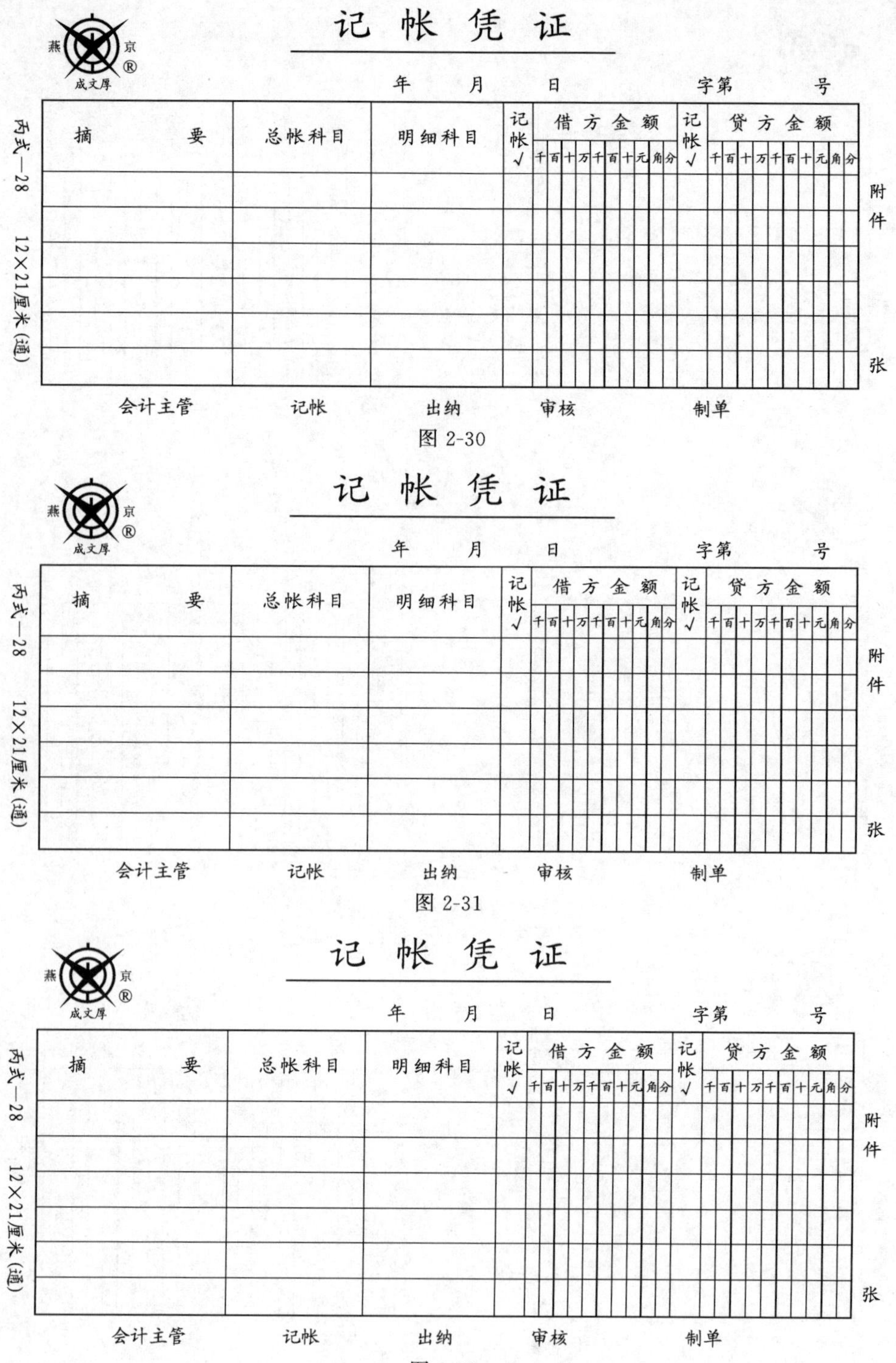

燕京® 成文厚

记帐凭证

年　月　日　　　字第　号

丙式—28　12×21厘米(通)

摘要	总帐科目	明细科目	记帐√	借方金额										记帐√	贷方金额									
				千	百	十	万	千	百	十	元	角	分		千	百	十	万	千	百	十	元	角	分

附件　张

会计主管　　记帐　　出纳　　审核　　制单

图 2-30

燕京® 成文厚

记帐凭证

年　月　日　　　字第　号

丙式—28　12×21厘米(通)

摘要	总帐科目	明细科目	记帐√	借方金额										记帐√	贷方金额									
				千	百	十	万	千	百	十	元	角	分		千	百	十	万	千	百	十	元	角	分

附件　张

会计主管　　记帐　　出纳　　审核　　制单

图 2-31

燕京® 成文厚

记帐凭证

年　月　日　　　字第　号

丙式—28　12×21厘米(通)

摘要	总帐科目	明细科目	记帐√	借方金额										记帐√	贷方金额									
				千	百	十	万	千	百	十	元	角	分		千	百	十	万	千	百	十	元	角	分

附件　张

会计主管　　记帐　　出纳　　审核　　制单

图 2-32

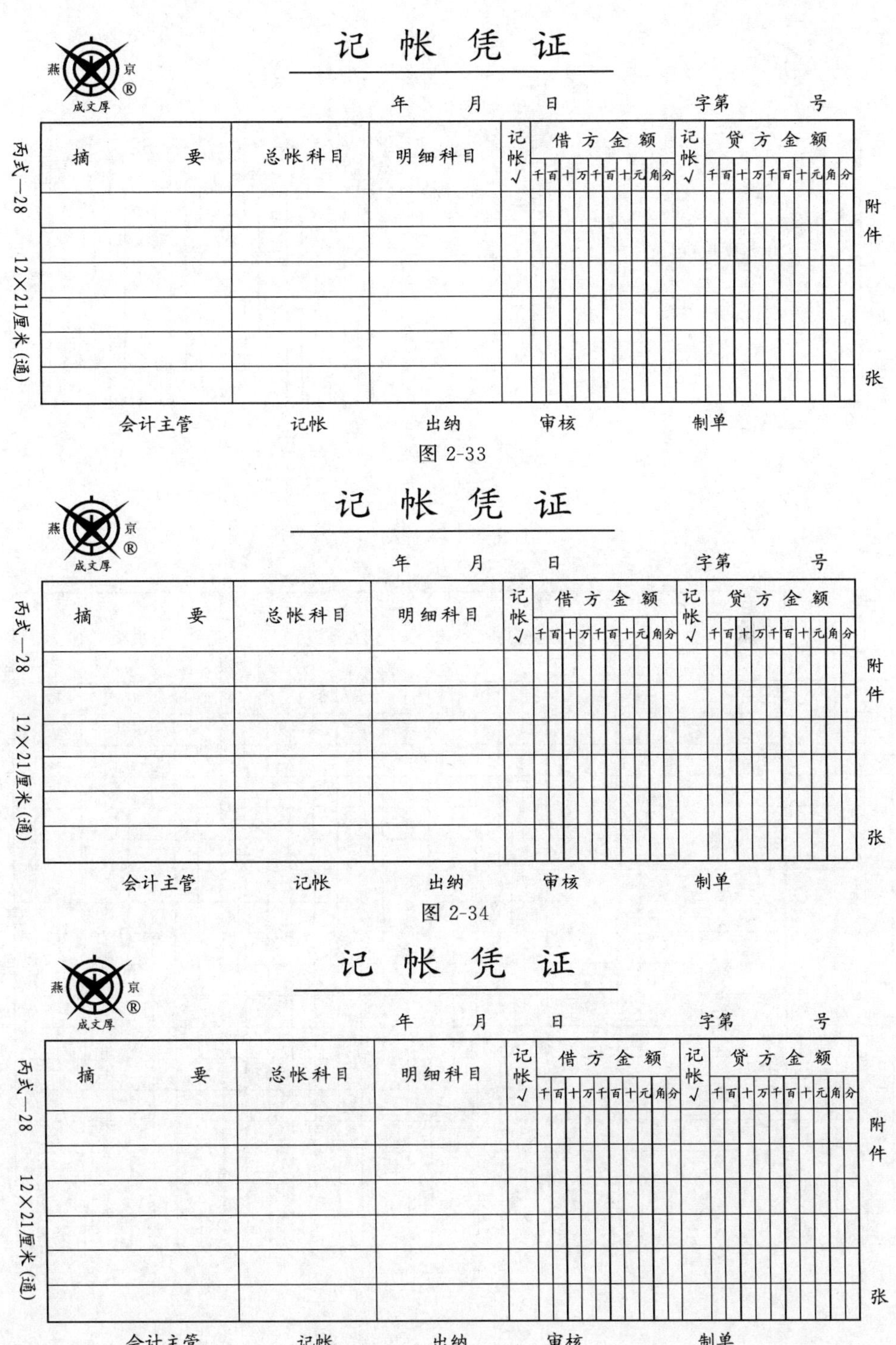

燕 京 ®
成文厚

记 帐 凭 证

年　月　日　　　　字第　　号

丙式—28　12×21厘米(通)

摘　要	总帐科目	明细科目	记帐√	借方金额										记帐√	贷方金额									
				千	百	十	万	千	百	十	元	角	分		千	百	十	万	千	百	十	元	角	分

附件　　张

会计主管　　记帐　　出纳　　审核　　制单

图 2-33

燕 京 ®
成文厚

记 帐 凭 证

年　月　日　　　　字第　　号

丙式—28　12×21厘米(通)

摘　要	总帐科目	明细科目	记帐√	借方金额										记帐√	贷方金额									
				千	百	十	万	千	百	十	元	角	分		千	百	十	万	千	百	十	元	角	分

附件　　张

会计主管　　记帐　　出纳　　审核　　制单

图 2-34

燕 京 ®
成文厚

记 帐 凭 证

年　月　日　　　　字第　　号

丙式—28　12×21厘米(通)

摘　要	总帐科目	明细科目	记帐√	借方金额										记帐√	贷方金额									
				千	百	十	万	千	百	十	元	角	分		千	百	十	万	千	百	十	元	角	分

附件　　张

会计主管　　记帐　　出纳　　审核　　制单

图 2-35

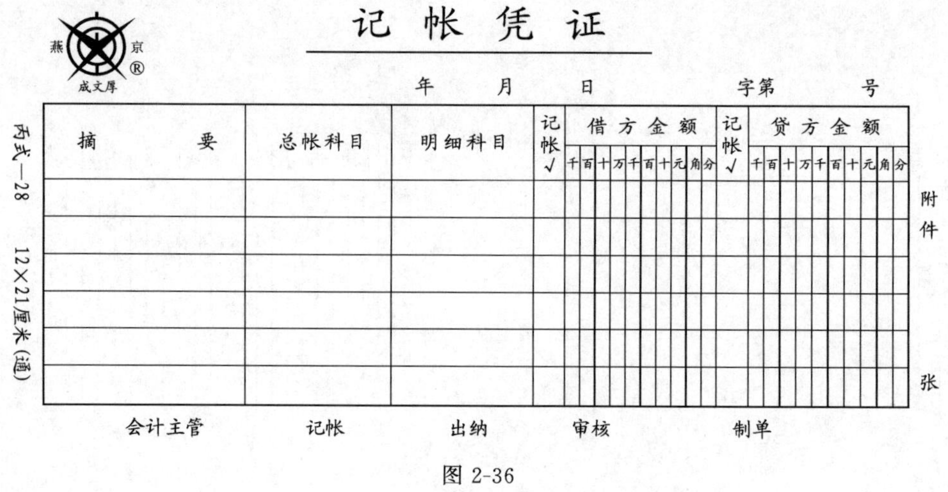

燕京 成文厚®

记帐凭证

年 月 日 字第 号

丙式—28 12×21厘米(通)

摘要	总帐科目	明细科目	记帐√	借方金额										记帐√	贷方金额									
				千	百	十	万	千	百	十	元	角	分		千	百	十	万	千	百	十	元	角	分

附件 张

会计主管 记帐 出纳 审核 制单

图 2-36

现金日记账

年		编号	摘要	借方金额									贷方金额									余额								
月	日			百	十	万	千	百	十	元	角	分	百	十	万	千	百	十	元	角	分	百	十	万	千	百	十	元	角	分

图 2-37

模块六　现金的清查

【任务描述】

嘉越公司现金清查业务。

【任务分析】

在掌握现金日记账登记的基础上，理解和掌握现金的清查制度及清查方法，并能熟练地对清查结果进行处理。

【操作程序】

① 对嘉越公司库存现金收付进行盘点清查。

② 根据清查结果进行账务处理。

【技能训练】

1. 现金清查制度

现金清查制度是指由出纳员自身对库存现金进行检查清查的基础上，还应指定专人定期或不定期地进行核查，以确保库存现金的完整，防止不法行为的发生。

小知识　现金清点的方法

（1）按券别分类平摊整理。人民币共有12种，有主币、辅币和纸币、硬币之分。因此，要先按不同的票面进行清分。清分时，票面要平铺开来，有折角的要展开。损伤券要挑出来，断裂的要用纸粘好，不能用大头针、回形针或钉书钉轧钉。

（2）按券别由大到小、按一定的要求（如好、烂、版别等分开）清点张（枚）数。这是第一遍清点，为粗点，还要进行再次清点，为复点。复点核对无误后，将整点完的票币，如为纸币，够100张为一把，够10把为一捆进行捆扎。如为硬币，则按100枚（也有按50枚）为一卷进行包扎。不够把（卷）的为零张（枚），把好、烂票分开，由小到大扎在一起，烂票放在好票上面。

(3) 把整点好的捆、把、零张，按卷别分别归拢好，然后统计、核对金额。

2. 日清月结制度

坚持日清月结制度，在出纳员自身对库存现金进行检查清查基础上，加强出纳工作监督，能及时发现现金差或丢失，防止贪污、盗窃、挪用公款等不法行发生，确保库存现金安全、完整。各单位应建立库存现金清查制度，由有关领导、专业人员组成清查组，定期或不定期地对库存现金进行清查盘点，重点放在账款是否相符、有无白条抵库、有无私借公款、有无挪用公款、有无无账资金等违纪违法行为。

一般说，现金清查采取突击盘点，不预先通知出纳员，以防预先做手脚。盘点时间最好在当天业务没有开始或当天业务结束，由出纳员截止清查时现金收付账项全部登记入账，并结出账面余额。这样可以避免干扰日常业务。清查时出纳员应始终在场，并给予积极配合。清查结束，应由清查人填制“现金清查盘点报告表”（图 2-38），填列账存、实存以及溢余或短缺金额，并说明原因，报有关部门或负责人进行处理。

现金清查盘点报告表

单位名称			年　月　日
账面金额	实存金额	清查结果	问题简要说明
单位负责人处理意见		备注	

图 2-38

3. 现金清查结果的处理

现金清查之后，如果有挪用现金、白条顶库情况，应及时予以纠正；对于超限额留存的现金，要及时送存银行；如果账款不符，应及时查明原因，并将短款或长款记入“待处理财产损益”科目。

（1）现金短缺

现金短缺，属于应由责任人赔偿或保险公司赔偿的部分，计入其他应收款；属于无法查明的其他原因，计入管理费用。

报经批准前：

借：待处理财产损溢

贷：库存现金

报经批准后：

借：其他应收款（应由责任人赔偿或保险公司赔偿）

管理费用（无法查明原因）

贷：待处理财产损溢

（2）现金溢余

现金溢余，属于应支付给有关人员或单位的，计入其他应付款；属于无法查明原因的，计入营业外收入。

报经批准前：

借：库存现金

贷：待处理财产损溢

报经批准后：

借：待处理财产损溢

贷：其他应付款（应支付给有关人员或单位）

营业外收入（无法查明原因的）

实训一 2016年10月31日，嘉越公司在现金清查中，发现库存现金较账面余额多56元。要求：填写“现金清查盘点报告表”（图2-39），并填制记账凭证（图2-40）。

现金清查盘点报告表

单位名称：			年　月　日
账面金额 1000.00	实存金额 1056.00	清查结果	问题简要说明
单位负责人处理意见		备注	

图2-39

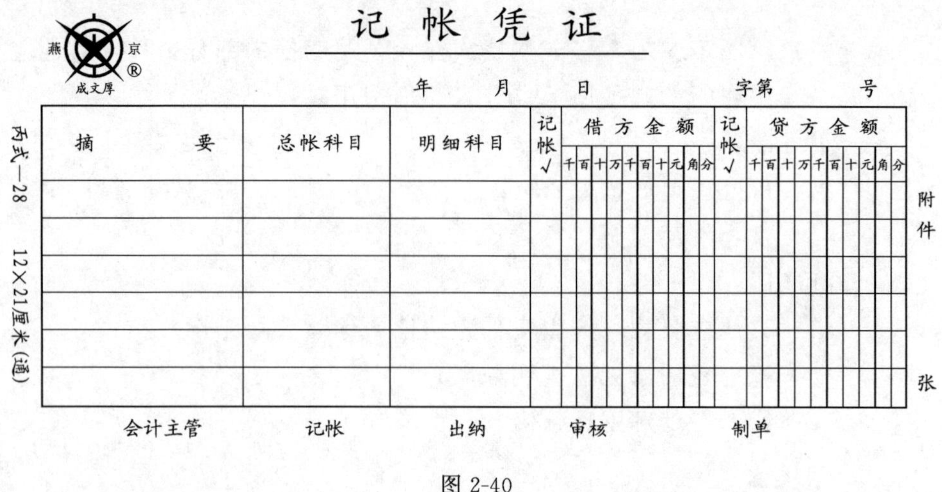

燕 京 ® 成文厚

记 帐 凭 证

年 月 日 字第 号

丙式—28 12×21厘米(通)

摘 要	总帐科目	明细科目	记帐√	借方金额										记帐√	贷方金额									
				千	百	十	万	千	百	十	元	角	分		千	百	十	万	千	百	十	元	角	分

附件 张

会计主管 记帐 出纳 审核 制单

图 2-40

实训二 经反复核查，上述现金长款原因不明，10 月 31 日经批准转作营业外收入，填制记账凭证（图 2-41）。

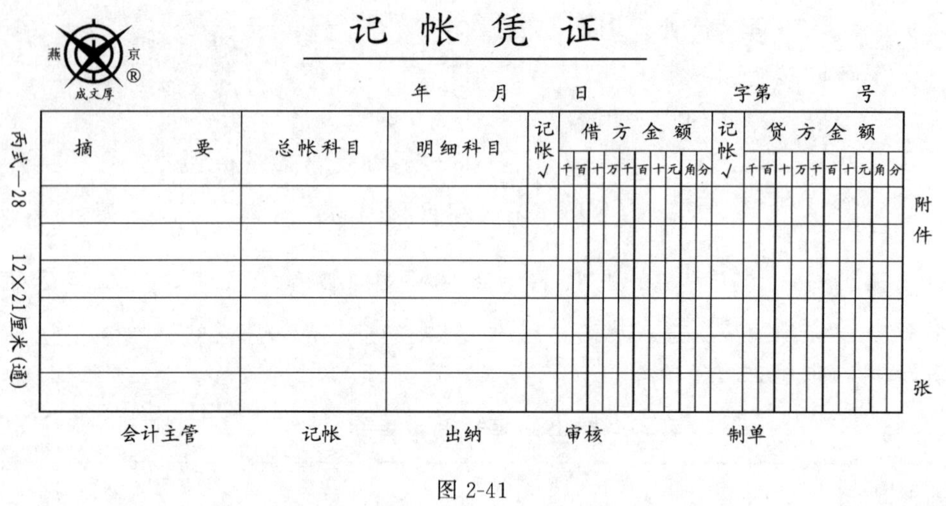

燕 京 ® 成文厚

记 帐 凭 证

年 月 日 字第 号

丙式—28 12×21厘米(通)

摘 要	总帐科目	明细科目	记帐√	借方金额										记帐√	贷方金额									
				千	百	十	万	千	百	十	元	角	分		千	百	十	万	千	百	十	元	角	分

附件 张

会计主管 记帐 出纳 审核 制单

图 2-41

实训三 2016 年 11 月 30 日，嘉越公司在现金清查中，发现库存现金较账面余额少 27 元。要求：填写“现金清查盘点报告表”（图 2-42）并填制记账凭证（图 2-43）。

现金清查盘点报告表

单位名称：			年　月　日
账面金额 914.00	实存金额 891.00	清查结果	问题简要说明
单位负责人处理意见		备注	

图 2-42

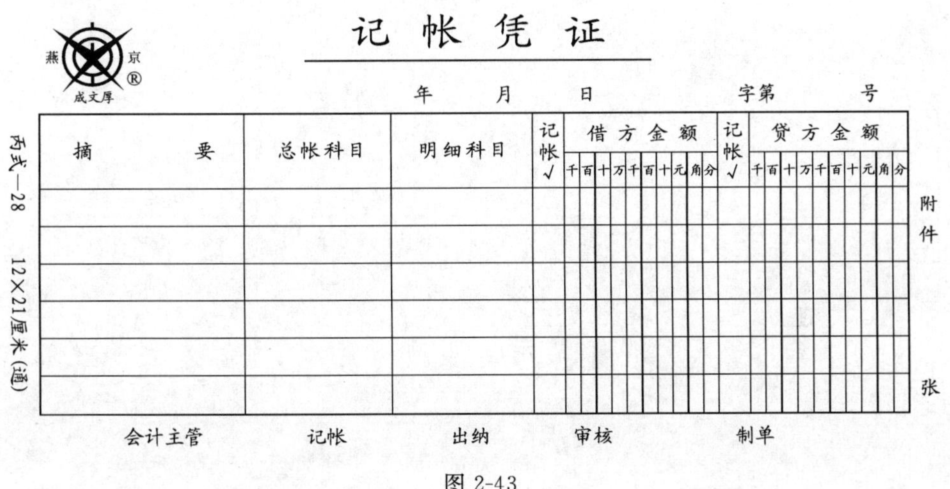

图 2-43

实训四　经反复核查，上述现金少款为出纳失误所致，经批准由出纳赔偿，填制记账凭证（图 2-44）。

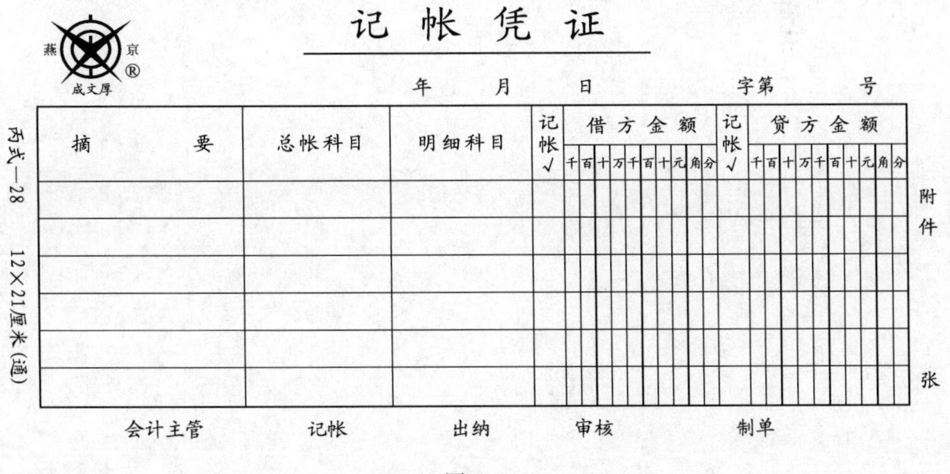

图 2-44

项目三

银行存款收支业务

【学习目标】

1. 了解银行存款管理有关规定。
2. 学会办理银行开户。
3. 熟悉购买银行结算凭证手续。
4. 巩固支票、银行汇票、信（电）汇、委托收款、托收承付等结算凭证的填制方法。
5. 熟悉银行存款收入业务、银行存款支出业务处理程序。
6. 掌握银行存款收支的具体会计处理方法。
7. 设置并登记银行存款日记账。
8. 掌握银行存款日记账的对账和结账的方法。
9. 熟练编制银行存款调节表。

【实训资料】

背景资料

企业名称：　太原市嘉越公司（一般纳税人）

开户行：　中国工商银行解放南路支行

账号：　1400011723700

纳税人识别号：　010038244534253

地址：　太原市解放南路1723号　电话　7800023

法人代表：　张力强

会计主管：　李梅

会计：　林茹

出纳：　吴宇

银行预留印鉴：

张力强印

模块一　银行存款管理有关规定

1. 银行存款

银行存款是企业存放在银行或其他金融机构的货币资金。

根据国家有关规定：企业在银行开立的账户，只能供本企业经营范围内的资金收付，不准出租、出借或转让；企业办理各项收付款业务时，必须如实填写款项来源或用途，不得巧立名目，套取现金；企业在银行的账户必须有足够的资金保证支付，企业的各种经济往来，除按照国家规定可以使用现金外，都必须办理转账结算，严格遵守银行结算纪律。

2. 支付结算原则

单位、个人和银行办理支付结算，必须遵守下列原则：

① 恪守信用，履约付款；

② 谁的钱进谁的账，由谁支配；

③ 银行不垫款。

3. 开立银行存款账户

开立银行存款账户，必须遵守相应的《银行账户管理办法》的各项规定。银行存款账户可以分为基本存款账户、一般存款账户、临时存款账户和专用账户 4 种。

基本存款账户是企业办理日常转账结算和现金收付的账户。一个企业只能选择一家银行一个营业机构开立一个基本存款账户，企业的工资、奖金等现金支取只能通过该账户办理。

一般存款账户是存款人在基本存款账户以外的银行借款转存、与基本存款账户的存款人不在同一地点的附属非独立核算单位开立的账户，或根据其资金管理需要开立的账户。本账户只能办理转账结算和现金缴存，不能办理现金支取。

专用账户是存款人因特定用途需要开立的账户，包括贷款账户和其他专用存款资金户。

临时存款账户是存款人因临时经营活动需要开立的账户。存款人可以通过本账户办理转账结算和根据国家现金管理的规定办理现金收付。

设存款账户时，必须填写开户申请书，提供当地工商管理机构核发的《企业法人营业执照》或《营业执照》正本、税务登记证正本、法人身份证件、会计主管身份证件、组织机构代码证正本等有关证件，送交盖有企业印章的印鉴卡片，经银行审查同意后开立。

企业应当加强与货币资金相关的票据的管理，明确各种票据的购买、保管、领用、背书转让、注销等环节的职责权限和程序，并专设登记簿进行记录，防止空白票据的遗失和被盗用。

4. 银行存款日记账

银行存款日记账是由出纳人员根据银行收款凭证、银行付款凭证和超过库存现金限额送存银行的现金付款凭证，按时间先后顺序逐日逐笔登记的账簿。

(1) 银行存款日记账的格式

银行存款日记账必须采用订本式账簿，账页采用“三栏式”，即“收入”（借方）“付出”（贷方）和“结存”三栏。其格式与现金日记账格式基本相同。

(2) 银行存款日记账的登记方法

银行存款日记账的“年、月、日”“凭证号数”“摘要”“对方科目”等栏，根据已加盖“银行收讫”和“银行付讫”的收、付款凭证的收付时间、凭证编号、经济业务主要内容及对应科目进行登记。“借方”栏根据银行收款凭证收入的金额登记，“贷方”栏根据银行收款凭证付出的金额登记。每日终了，应结出本日收付发生额及余额，以便掌握每日银行存款的结存数，并定期与银行转来的对账单核对，以保证账实相符。每月终了，还应结出本月收付发生额及余额，并与总账核对，以保证账账相符。

5. 及时核对账目

企业应当及时核对银行存款账户，以确保银行存款账面余额与银行对账单相符。在同银行核对账目之前，应先对本单位银行存款日记账进行检查复核，保证账簿记录完整、正确，然后再根据银行送来的对账单，按照结算凭证号码逐笔核对。具体的步骤如下：从银行存款日记账的第一笔开始，到对账单中寻找，如能找到，则两边账簿的同一笔业务做相同的记号，如找不到对应的业务，则不做记号，最后凡没有做记号的就是未达账项。

未达账项有 4 种情况：

银行已收款入账，企业尚未收款入账的款项；

银行已付款入账，企业尚未支付入账的款项；

企业已收款入账，而银行尚未收款入账的款项；

企业已付款入账，而银行尚未付款入账的款项。

为了准确掌握企业可运用的银行存款实有数，在核对中如发现未达账项，应编制“银行存款余额调节表”进行调节。

模块二　支票结算业务的处理及登记银行存款日记账

签发转账支票时银行结算纪律规定：

① 不准签发没有资金保证的票据（不准签发空头支票）或远期支票，套取银行信用；

② 不准签发、取得和转让没有真实交易和债权债务的票据，套取银行和其他人资金；

③ 不准无理由拒绝付款，任意占用他人资金。

不准违反规定开立和使用银行账户。

【任务描述】

嘉越公司用转账支票结算业务的分析和处理。

【任务分析】

要掌握转账支票的用法和要求，并具备基本业务处理能力。

【操作程序】

① 对嘉越公司转账支票收付款业务进行分析。

② 对转账支票收付款业务进行处理。

【技能训练】

实训一　收款方收到的转账支票的业务

2016年6月8日，嘉越公司收到太原市湖美有限责任公司交来的转账支票一张，金额2000000元，是投资款，出纳即日到银行办理进账手续（湖美公司开户行：招行亲贤街支行　账号：456789456）。填制并审核原始凭证（图3-1和图3-2），根据审核无误的原始凭证填制记账凭证（图3-3）。

中国工商银行**进账单**（回单或收账通知）

年　月　日

收款人	全　称		付款人	全　称	
	账号或地址			账号或地址	
	开户银行			开户银行	
人民币（大写）：					
票据种类	转账支票		收款人开户银行盖章： 中国工商银行 解放南路支行 2016.06.0 转讫		

图 3-1

投资协议书

2016 年 6 月 1 日

投资人	太原市湖美有限公司	接受单位	
账号或地址	456789456	账号或地址	
开户银行	招行亲贤街支行	开户银行	
投资金额		人民币(大写):贰佰万元整	
协议条款	经双方友好协商达成如下协议： 1. 投资期限 5 年。 2. 在投资期限内甲方不得抽回投资。 3. 在投资期限内乙方保证甲方投资保值和增值。 4. 在投资期限内乙方应按利润分配规定支付甲方利润。 5. 未尽事宜另行商定。 甲方代表签字:王中华　　　　乙方代表签字:张力强		

图 3-2

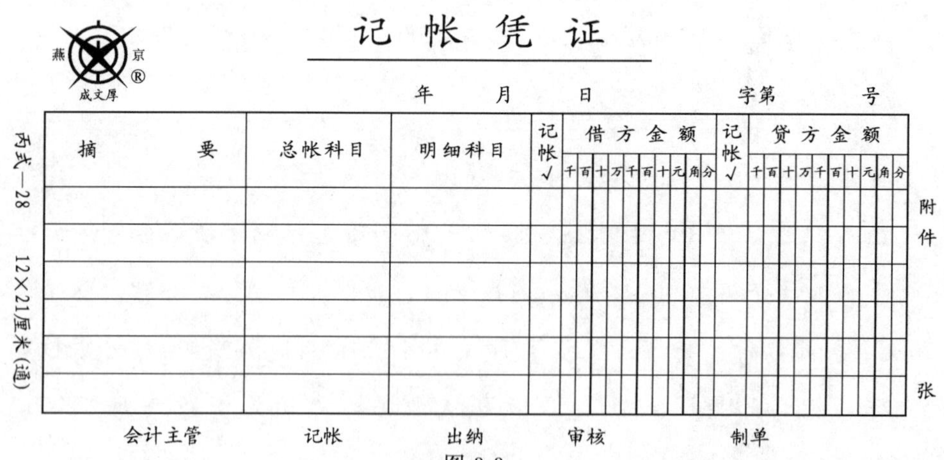

燕 京 ® 成文厚

记 帐 凭 证

年　月　日　　　字第　　号

丙式—28　12×21厘米(通)

摘　要	总帐科目	明细科目	记帐√	借方金额 千 百 十 万 千 百 十 元 角 分	记帐√	贷方金额 千 百 十 万 千 百 十 元 角 分

附件　张

会计主管　记帐　出纳　审核　制单

图 3-3

实训二　付款方使用转账支票办理付款业务

2016 年 6 月 2 日，嘉越公司用支票支付广告费 20000 元。填制并审核原始凭证（图 3-4 和图 3-5），根据审核无误的原始凭证填制记账凭证（图 3-6）。

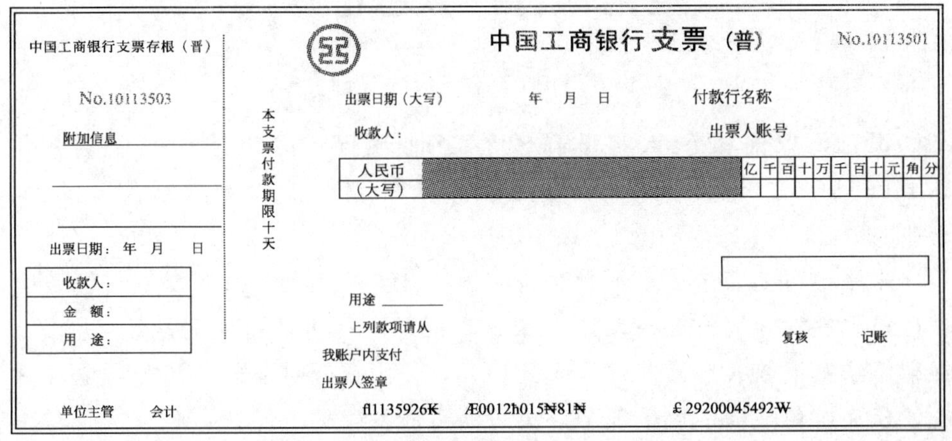

中国工商银行支票存根（晋）

No.10113503

附加信息

出票日期：年　月　日

收款人：

金　额：

用　途：

单位主管　会计

本支票付款期限十天

中国工商银行支票（晋）　No.10113501

出票日期（大写）　年　月　日　付款行名称

收款人：　出票人账号

人民币（大写）　亿 千 百 十 万 千 百 十 元 角 分

用途

上列款项请从

我账户内支付

出票人签章

复核　记账

图 3-4

山西省太原市广告业专用发票

客户名称：太原市嘉越有限公司

项目	单位	数量	单价	金额
广告费	次	1	20000	20000
合计人民币（大写）贰万元整			¥20000.00	

数创广告公司

图 3-5

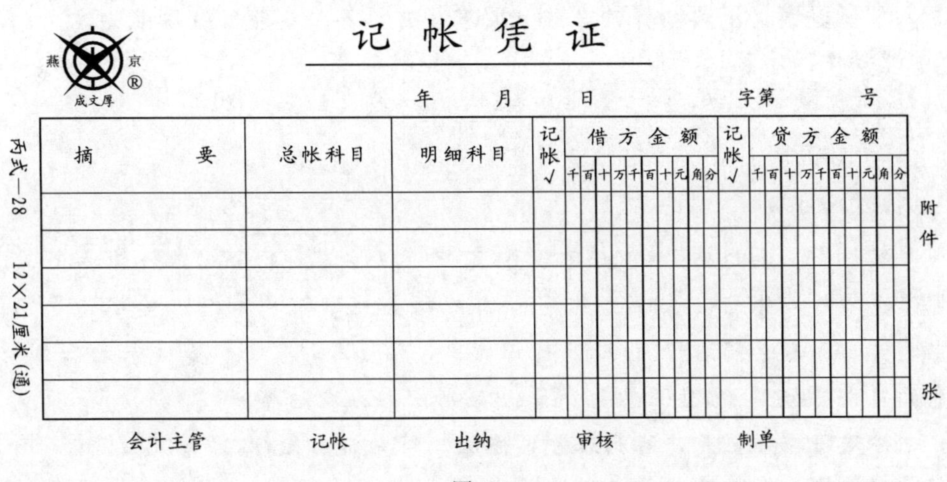

记 帐 凭 证

年　月　日　字第　号

摘　要	总帐科目	明细科目	记帐√	借方金额（千百十万千百十元角分）	记帐√	贷方金额（千百十万千百十元角分）

附件　张

会计主管　记帐　出纳　审核　制单

丙式—28　12×21厘米(通)

图 3-6

模块三　银行汇票结算业务的处理及登记银行存款日记账

银行汇票是汇款人将款项交存当地银行，由出票银行签发的，由其在见票时，按照实际结算金额无条件支付给收款人或支票人的票据。

采用银行汇票结算，不受是否在银行开户的限制，只要汇款人将款项交存可以签发和解付银行汇票的银行，汇款人即可取得所需的银行汇票；银行汇票由汇款人自己携带，人到钱到，使用资金时，既可转账，也可提现，从而避免了携带大量现金外出采购可能发生的意外。

银行汇票可以用于转账，填明“现金”字样的银行汇票也可以用于支取现金。银行汇票一律记名，可以背书转让，汇款金额起点为 500 元，提示付款期限自出票日起 1 个月。

银行汇票适用于同城、异地单位和个人之间各种款项的结算，特别适用于企业先收款后发货或钱货两清的商品交易。

【任务描述】

嘉越公司用银行汇票结算业务的分析和处理。

【任务分析】

要掌握银行汇票结算的方法和要求，并具备基本业务处理能力。

【操作程序】

① 对嘉越公司银行汇票收付款业务进行分析。

② 对银行汇票收、付款业务进行账务处理。

【技能训练】

实训一　嘉越公司 2016 年 6 月 15 日，从榆次盼盼公司购入商品 2000 件，并准备以银行汇票形式进行结算。财务科填报“银行汇票申请书”，申请开出面额为 60000 元的银行汇票。6 月 15 日，双方签订采购合同，商品每件 20 元，增值税率 17%，用银行汇票办理结算。

榆次盼盼公司开户行及账号：榆次工行尧都路支行，830080798。

根据上述资料填制“银行汇票申请书”（图 3-7）。

中国工商银行**银行汇票申请书** 2

申请日期： 年 月 日 第 号

申请人	全称		收款人	全称	
	账号或地址			账号或地址	
	用途			代理付款行	

汇款金额	人民币（大写）：	千	百	十	万	千	百	十	元	角	分

上述款项请从我账户内支付 申请人盖章	科目（借）： 对方科目（贷）： 转账日期： 年 月 日 单位主管： 会计： 复核： 记账：

图 3-7

经开户行审核符合要求，给嘉越公司签发银行汇票。

实训二 嘉越公司6月17日，业务员持银行汇票前往盼盼公司购货，收到对方开出的发票（图3-8）。

山西增值税专用发票

发 票 联

山西省税务局 No.0 发票专用章

开票日期：2016年6月17日

收款人： 张之良

开票单位（未盖章无效）

购货单位	名称	太原市嘉越公司			纳税人登记号		1400011723700	
	地址、电话	太原市解放南路1723号 电话 7800023			开户银行及账号		中国工商银行解放南路支行	
商品或劳务名称		计量单位	数量	单价	金额 百 十 万 千 百 十 元 角 分	税率(%)	税额 百 十 万 千 百 十 元 角 分	
实木板材		立方米	2000	20		17		
合计								
价税合计（大写）								
销货单位	名称	榆次市盼盼公司			纳税人登记号		1401042015600333	
	地址、电话	0351-6689030			开户银行及账号		工行西山办 333777	

榆次市盼盼公司发票专用章

第二联：发票联 购货方记账

图 3-8

实训三 榆次盼盼公司收到嘉越公司银行汇票

填制并审核原始凭证，根据审核无误的原始凭证填制记账凭证（图 3-9）。

燕京 ® 成文厚

记帐凭证

年 月 日 字第 号

丙式—28 12×21厘米(通)

摘要	总帐科目	明细科目	记帐√	借方金额										记帐√	贷方金额									
				千	百	十	万	千	百	十	元	角	分		千	百	十	万	千	百	十	元	角	分

附件 张

会计主管 记帐 出纳 审核 制单

图 3-9

模块四　汇兑结算业务的处理及登记银行存款日记账

汇兑是汇款人委托银行将其款项支付给收款人的结算方式，也就是俗称的“汇款”。汇兑分信汇（邮寄凭证）和电汇（拍发电报）两种，由汇款人根据对汇款快慢的要求选择使用。

汇兑结算没有起点限制，就汇款人来说，无论是否在银行开立账户，只要需要就可办理。从款项的性质看，不管是商品交易、资金调拨、劳务费或个人的费用等，都可以委托银行办理汇款手续。因此，汇兑适用于单位和个人各种款项的结算。

【任务描述】

嘉越公司用信汇结算业务的分析和处理。

【任务分析】

要掌握信汇结算的方法和要求，并具备基本业务处理能力。

【操作程序】

① 对嘉越公司信汇收付款业务进行分析。

② 对信汇收、付款业务进行账务处理。

【技能训练】

实训一　2016 年 6 月 20 日，汇出货款偿还前欠晋城成成公司货款 6000 元（成成公司账户：工行晋城分行，账号：789456123000445789）。请填写信汇凭证（图 3-10）。

中国工商银行 **信汇凭证**（回　单）　　3

委托日期　　年　月　日

汇款人	全称			收款人	全称		
	账号或住址				账号或住址		
	汇出地点	太原	汇出行全称		汇入地点		汇入行全称
金额	人民币（大写）				千 百 十 万 千 百 十 元 角 分		
款项已汇入收款人账户 中国工商银行 解放南路支行 2016.06.0 转讫 汇入行签章					支付密码		
					附加信息及用途 复核　记账		

此联汇出行给付款人的回单

图 3-10

实训二　晋城成成公司收到信汇凭证（图 3-11），并开出收据，如图 3-12 所示。

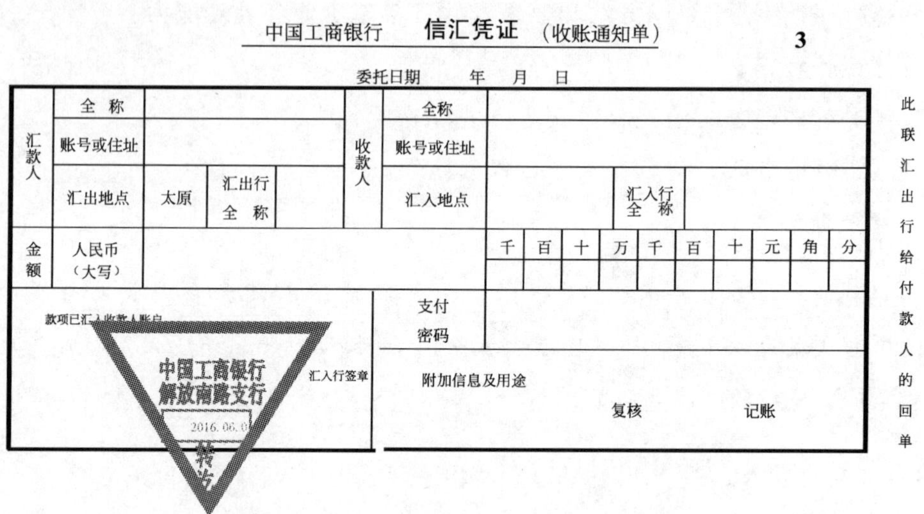

中国工商银行 **信汇凭证**（收账通知单）　　3

委托日期　　年　月　日

汇款人	全称			收款人	全称		
	账号或住址				账号或住址		
	汇出地点	太原	汇出行全称		汇入地点		汇入行全称
金额	人民币（大写）				千 百 十 万 千 百 十 元 角 分		
款项已汇入收款人账户 中国工商银行 解放南路支行 2016.06.0 转讫 汇入行签章					支付密码		
					附加信息及用途 复核　记账		

此联汇出行给付款人的回单

图 3-11

收　　据

年　　月　　日　　　　字　NO 0000623

今收到＿＿＿＿＿＿＿＿＿＿

交　来＿＿＿＿＿＿＿＿＿＿

人民币（大写）＿＿＿＿＿＿＿＿　¥＿＿＿＿

收款单位

公　章　（印章：××成成公司 财务专用章）　　收款人　　交款人

第三联　　记账凭证

图 3-12

填制并审核原始凭证，根据审核无误的原始凭证填制记账凭证（图 3-13）。

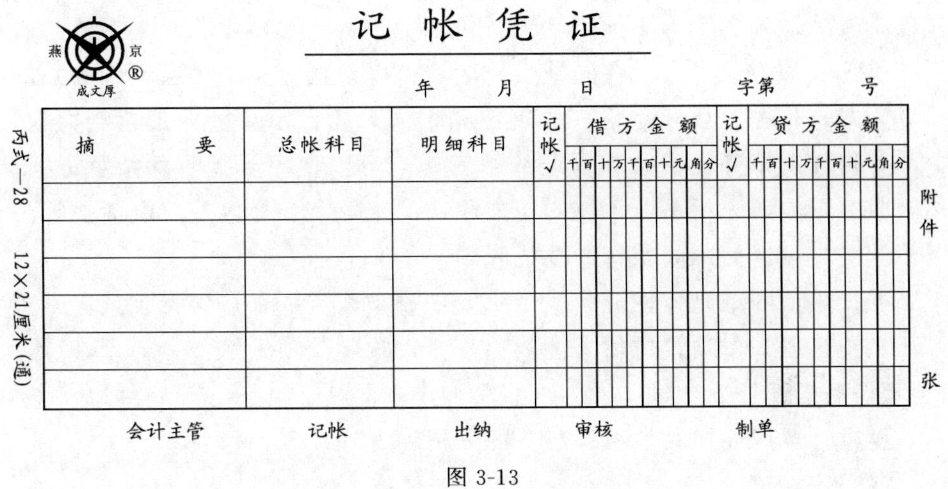

燕京 成文厚 ®

记　帐　凭　证

年　　月　　日　　　　字第　　　号

丙式—28　12×21厘米（通）

摘　要	总帐科目	明细科目	记帐√	借方金额										记帐√	贷方金额								
				千	百	十	万	千	百	十	元	角	分		千	百	十	万	千	百	十	元	角	分

附件　　张

会计主管　　记帐　　出纳　　审核　　制单

图 3-13

模块五　委托收款结算业务的处理及登记银行存款日记账

委托收款是收款人向银行提供收款依据，委托银行向付款人收取款项的结算方式。委托收款结算款项的划回方式，分邮寄和电报两种，由收款人选用。

委托收款结算没有金额起点的限制，也没有最高限额。委托收款的付款期随付款人的不同而不同：以银行为付款人的，银行应在当日将款项主动支付给收款人；以单位为付款人的，银行应及时通知付款人，按照有关办法规定，需要将有关债务证明交给付款人的应交给付款人并签收，付款人应于接到通知的当日书面通知银行付款。

委托收款方便灵活，在同城、异地均可以使用，是一种通用性极强的结算方式。凡在银行开立账户的单位和个人，凭已承兑商业汇票、债权、存单等付款人债务证明办理款项的结算，均可以使用委托收款结算方式。在同城范围内，公用事业单位向用户收取的水电费、煤气费、电话费等公用事业费，可以使用同城特约委托收款。

委托收款的结算大体分为4个阶段：收款人委托开户银行收款；付款人开户银行通知付款；付款人付款；收款人收妥款项入账。

【任务描述】

嘉越公司用委托收款结算业务的分析和处理。

【任务分析】

要掌握委托收款结算的方法和要求，并具备基本业务处理能力。

【操作程序】

① 对嘉越公司委托收款收付款业务进行分析。

② 对委托收款收、付款业务进行账务处理。

【技能训练】

实训　2016年6月20日，委托开户行向河北成亿公司收取4月22日欠款30000元（成亿公司账户：工行双西分行，账号：789456123000445789）。委托收款凭证（回单）如图3-14所示。

中国工商银行**委托收款**凭证(回单)

委托日期　　年　月　日　　　付款日期：年　月　日

<table>
<tr><td rowspan="3">付
款
人</td><td>全　　称</td><td colspan="3"></td><td rowspan="3">收
款
人</td><td>全　　称</td><td colspan="10"></td></tr>
<tr><td>账号或地址</td><td colspan="3"></td><td>账号或地址</td><td colspan="10"></td></tr>
<tr><td>开户银行</td><td colspan="3"></td><td>开户银行</td><td colspan="10"></td></tr>
<tr><td rowspan="2" colspan="2">托收
金额</td><td rowspan="2" colspan="4">人民币（大写）：</td><td>千</td><td>百</td><td>十</td><td>万</td><td>千</td><td>百</td><td>十</td><td>元</td><td>角</td><td>分</td></tr>
<tr><td></td><td></td><td></td><td></td><td></td><td></td><td></td><td></td><td></td><td></td></tr>
<tr><td colspan="3">附　　　件</td><td colspan="3">商品发运情况</td><td colspan="10">合同名称号码</td></tr>
<tr><td colspan="3">附寄单证：4 张</td><td colspan="3">公路</td><td colspan="10">958</td></tr>
<tr><td colspan="3">备注：
中国工商银行
解放南路支行
2016.06.12
转讫</td><td colspan="4">上列款项已由付款人开户银行全额划回收入你方账户。
此致！
收款人
(收款人开户行盖章)　月　日</td><td colspan="9">科目：
对方科目：
转账日期：2016 年 6 月 12 日
单位主管：　　会计：
复核：　　　　记账：</td></tr>
</table>

图 3-14

2016 年 6 月 25 日收到中国工商银行委托收款凭证（收账通知），如图 3-15所示。

中国工商银行**委托收款**凭证(收账通知)

委托日期　　年　月　日　　　付款日期：年　月　日

<table>
<tr><td rowspan="3">付
款
人</td><td>全　　称</td><td colspan="3"></td><td rowspan="3">收
款
人</td><td>全　　称</td><td colspan="10"></td></tr>
<tr><td>账号或地址</td><td colspan="3"></td><td>账号或地址</td><td colspan="10"></td></tr>
<tr><td>开户银行</td><td colspan="3"></td><td>开户银行</td><td colspan="10"></td></tr>
<tr><td rowspan="2" colspan="2">托收
金额</td><td rowspan="2" colspan="4">人民币(大写)：</td><td>千</td><td>百</td><td>十</td><td>万</td><td>千</td><td>百</td><td>十</td><td>元</td><td>角</td><td>分</td></tr>
<tr><td></td><td></td><td></td><td></td><td></td><td></td><td></td><td></td><td></td><td></td></tr>
<tr><td colspan="3">附　　　件</td><td colspan="3">商品发运情况</td><td colspan="10">合同名称号码</td></tr>
<tr><td colspan="3">附寄单证：4 张</td><td colspan="3">公路</td><td colspan="10">958</td></tr>
<tr><td colspan="3">备注：
中国工商银行
解放南路支行
2016.06.12
转讫</td><td colspan="4">上列款项已由付款人开户银行全额划回收入你方账户。
此致！
收款人
(收款人开户行盖章)　月　日</td><td colspan="9">科目：
对方科目：
转账日期：2016 年 6 月 12 日
单位主管：　　会计：
复核：　　　　记账：</td></tr>
</table>

图 3-15

2016 年 6 月 22 日河北成亿公司收到中国工商银行委托收款凭证（付账通知）如图 3-16 所示。

中国工商银行**委托收款**凭证(付账通知)

委托日期　　年　月　日　　　　付款日期：年　月　日

付款人	全　　称		收款人	全　　称	
	账号或地址			账号或地址	
	开户银行			开户银行	

托收金额	人民币（大写）：	千	百	十	万	千	百	十	元	角	分

附　　件	商品发运情况	合同名称号码
附寄单证：4张	公路	958

备注： 中国工商银行 解放南路支行 2016.06.12 转讫	上列款项已由付款人开户银行全额划回收入你方账户。 此致！ 收款人 (收款人开户行盖章)　月　日	科目： 对方科目： 转账日期：2016年6月12日 单位主管：　　会计： 复核：　　记账：

图 3-16

填制并审核原始凭证，根据审核无误的原始凭证填制记账凭证（图 3-17～图 3-19）。

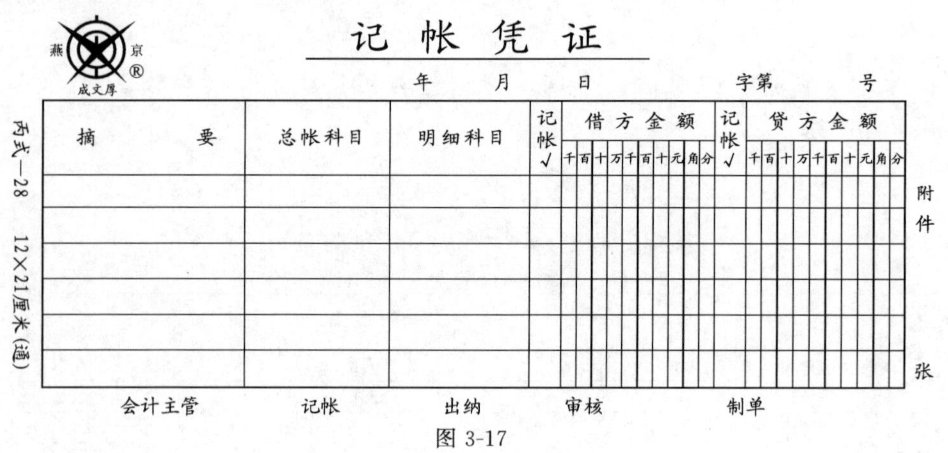

燕京 成文厚®

记 帐 凭 证

年　　月　　日　　　　字第　　号

摘　　要	总帐科目	明细科目	记帐√	借方金额 千百十万千百十元角分	记帐√	贷方金额 千百十万千百十元角分

丙式—28　12×21厘米(通)　　附件　　张

会计主管　　记帐　　出纳　　审核　　制单

图 3-17

燕京 成文厚®

记 帐 凭 证

年　　月　　日　　　　字第　　号

摘　　要	总帐科目	明细科目	记帐√	借方金额 千百十万千百十元角分	记帐√	贷方金额 千百十万千百十元角分

丙式—28　12×21厘米(通)　　附件　　张

会计主管　　记帐　　出纳　　审核　　制单

图 3-18

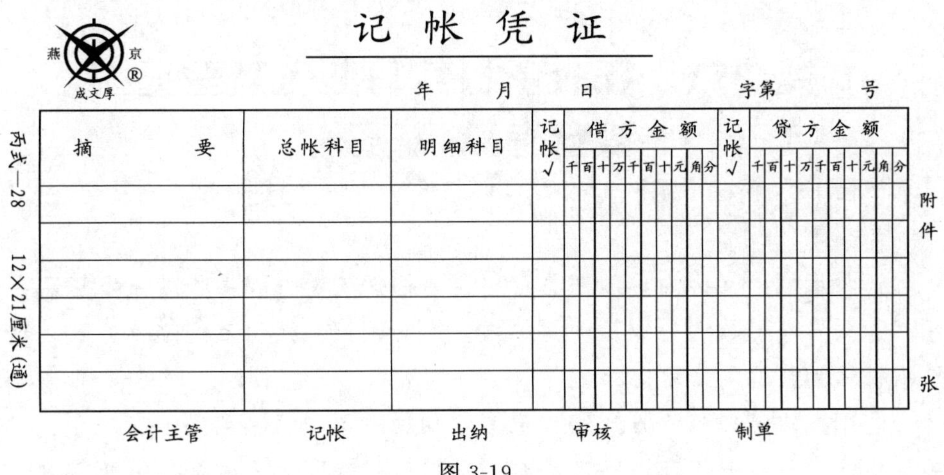

燕京 成文厚 ®

记帐凭证

年　月　日　　字第　号

丙式—28　12×21厘米(通)

摘要	总帐科目	明细科目	记帐√	借方金额										记帐√	贷方金额									
				千	百	十	万	千	百	十	元	角	分		千	百	十	万	千	百	十	元	角	分

附件　张

会计主管　记帐　出纳　审核　制单

图 3-19

模块六　托收承付结算业务及登记银行存款日记账

托收承付，又称为异地托收承付，是根据购销合同由收款人发货后委托银行向异地付款人收取款项，由付款人向银行承认付款的结算方式。这是一种较为严格的结算方式。

使用托收承付结算方式的收款单位和付款单位，必须是国有企业、供销合作社以及经营管理较好，并经开户银行审查同意的城乡集体所有制工业企业。办理托收承付结算的款项，必须是商品交易，以及因商品交易而产生的劳务供应的款项；收付双方必须签有符合《合同法》的购销合同，并在合同上订明使用托收承付结算方式。

收付双方办理托收承付结算，必须重合同、守信用。收款人对同一付款人发货托收累计 3 次收不回款项的，收款人开户银行应暂停收款人向该收款人办理托收；付款人累计 3 次提出无理拒付的，付款人开户银行应暂停其向外办理托收。

托收承付结算程序包括托收、承付两个阶段。

（1）托收

托收是指收款单位委托开户银行办理收款手续的过程。收款人办理托收，必须具有商品确已发运的证件（包括铁路、航运、公路等运输部门签发的运单、运单副本和邮局包裹回执）。特殊情况下，没有发运证件的可凭其他有关证件办理托收。

（2）承付

承付是指付款人在承付期内，向银行承认付款。承付货款分为验单付款和验货付款两种，由首付双方商量选用，并在合同中明确规定。验单付款是根据银行转来的托收承付结算凭证及其他单证，与经济合同核对无误后，承付货款。验货付款是指在收到商品，检验无误后，才承付货款。

验单付款的承付期为3天，从付款人开户银行发出承付通知的次日算起（承付期内遇法定休假日顺延）。付款人在承付期间，未向银行表示拒绝付款，银行即视作承付，并在承付期满的次日（法定休假日顺延）上午银行开始营业时，将款项主动从付款人的账户内付出，按照收款人指定的划款方式，划给收款人。

验货付款的承付期为10天，从运输部门向付款人发出提货通知的次日算起。对收付双方在合同中明确规定，并在托收凭证上注明收款期限的，银行从其规定。

不论验单付款还是验货付款，付款人都可以在承付期间提前向银行表示承付，并通知银行提前付款，银行应立即办理划款。因商品的价格、数量或金额变动，付款人应多承付款项的，付货款中，可抵扣其他款项或以前托收的货款。

托收承付结算款项的划回方法，分为邮寄和电报两种，由收款人选用。

托收承付结算每笔的金额起点为1万元。新华书店系统每笔的金额起点为1千元。

托收承付适用于异地各种符合条件的单位之间，以经济合同为依据的商品交易及劳务供应等款项的结算。

托收承付结算一般按“先发货，后付款”的顺序办理，包括托收、承付、划款、收款4个阶段。这个过程与委托收款结算基本相似。

【任务描述】

嘉越公司用托收承付结算业务的分析和处理。

【任务分析】

要掌握托收承付结算的方法和要求，并具备基本业务处理能力。

【操作程序】

① 对嘉越公司托收承付收、付款业务进行分析。

② 对托收承付收、付款业务进行账务处理。

【技能训练】

实训 2016年6月4日，采用托收承付结算方式向安徽省泰志新有限公司销售A产品300件，单位售价1000.00元/件，增值税税率17%，会计开出增值税专用发票，出纳支付银行托收手续50.00元，开出转账支票支付垫付运费4000.00元，货运公司开出运费发票。

训练要求

① 根据资料，签发转账支票以垫付运费，到开户银行办理托收承付手续，填制托收凭证和银行收费凭证。

2016 年 6 月 4 日，嘉越公司签发支票代垫运费 4000 元（图 3-20）。

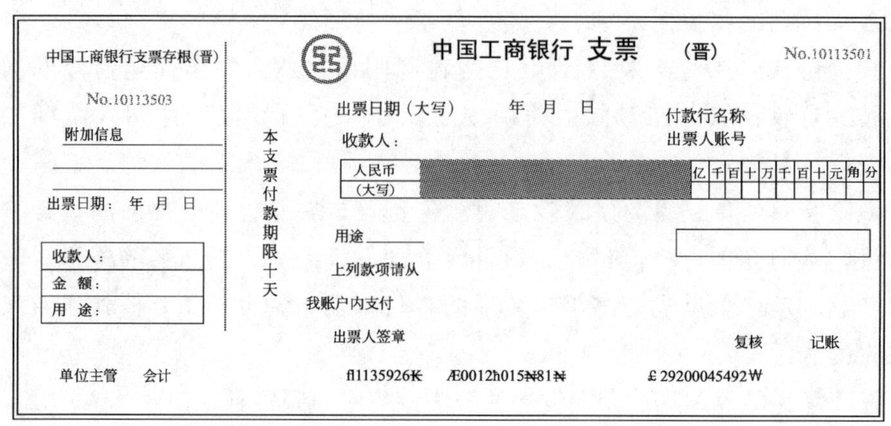
中国工商银行支票存根（晋）
No.10113503
附加信息
出票日期： 年 月 日
收款人：
金 额：
用 途：
单位主管 会计

本支票付款期限十天

中国工商银行 支票 （晋） No.10113501
出票日期（大写） 年 月 日 付款行名称
收款人： 出票人账号
人民币（大写） 亿 千 百 十 万 千 百 十 元 角 分
用途
上列款项请从
我账户内支付
出票人签章 复核 记账

图 3-20

② 收款人按照签订的购销合同发货后委托银行托收款项时，出纳员填制一式五联的托收凭证，将托收凭证并附发运证件或其他符合托收程度结算的有关证明和交易单据（连同经济合同副本、销货发票、代垫运杂费单据），一并交送开户银行办理托收手续。收款人如需取回发运证件，银行应在托收凭证上加盖“已验发运证件”戳记。

中国工商银行**托收承付**凭证（回单）

委托日期： 年 月 日

承付日期： 年 月 日

付款人	全称		收款人	全称	
	账号或地址			账号或地址	
	开户银行			开户银行	
托收金额	人民币（大写）：			千 百 十 万 千 百 十 元 角 分	
附件		商品发运情况		合同名称号码	
附寄单证：3		已发运		958	
备注：（中国工商银行解放南路分行 2016.06.07 转讫）		上列款项已由付款人开户银行全额划回收入你方账户。 此致！ 收款人 （收款人开户行盖章） 月 日		科目： 对方科目： 转账日期： 年 月 日 单位主管： 会计： 复核： 记账：	

图 3-21

收款人开户银行接到托收凭证及其附件后，按照托收的范围、条件和托收凭证记载的要求进行审查，必要时，还应查验收付款人签订的购销合同。银行审查无误后，在托收凭证第一联回单（图 3-21）上加盖受理印章，交收款方带回作为入账依据。

③ 付款人采用托收承付结算方式承付款项。付款人开户银行收到托收凭证及其附件后，应当及时通知付款人。付款人应在承付期间审查核对，安排资金。

付款人出纳员收到开户银行转来的托收凭证第五联付款通知及有关发运单证和交易单证后，会同供应部门、财务部门有关人员认真仔细地审查相关凭证，看其价格、金额、品种、规格、质量、数量等是否符合双方签订的合同规定，并在承付期内签署全部承付、部分承付、拒付的意见。付款人不得在承付货款中，扣抵其他款项或以前托收的货款。付款人提出拒绝付款时，必须填写“拒绝付款理由书”并签章，注明拒绝付款理由，涉及合同的，应引证合同上的有关条款。

2016 年 6 月 17 日，接到银行收账通知（图 3-22），收回安徽省泰志新有限公司 6 月 4 日托收的货款，已转入企业账户。

中国工商银行**托收承付**凭证(收账通知)

委托日期：　　年　月　日

承付日期：　　年　月　日

付款人	全称		收款人	全称	
	账号或地址			账号或地址	
	开户银行			开户银行	
托收金额	人民币(大写)：			千 百 十 万 千 百 十 元 角 分	
附件	商品发运情况		合同名称号码		
附寄单证：3	已发运		958		
备注： 中国工商银行 解放南路分行 2016.06.07 转讫	上列款项已由付款人开户银行全额划回收入你方账户。 此致！ 收款人 (收款人开户行盖章)　月　日		科目： 对方科目： 转账日期：　年　月　日 单位主管：　会计： 复核：　记账：		

图 3-22

2016 年 6 月 8 日，安徽省泰志新有限公司接到开户银行转来托收凭证付款通知（图 3-23），经审核无误同意支付货款。

中国工商银行**托收承付**凭证(付款通知)

委托日期：　　年　月　日
承付日期：　　年　月　日

付款人	全称		收款人	全称	
	账号或地址			账号或地址	
	开户银行			开户银行	

托收金额	人民币(大写)：	千	百	十	万	千	百	十	元	角	分

附件	商品发运情况	合同名称号码
附寄单证：3	已发运	958

备注	上列款项已由付款人开户银行全额划回收入你方账户。 此致！ 收款人 (收款人开户行盖章)　月　日	科目： 对方科目： 转账日期：　年　月　日 单位主管：　　会计： 复核：　　记账：

中国工商银行 解放南路分行 2016.06.07 转讫

图 3-23

填制并审核原始凭证，根据审核无误的原始凭证填制记账凭证（图 3-24～图 3-27）。

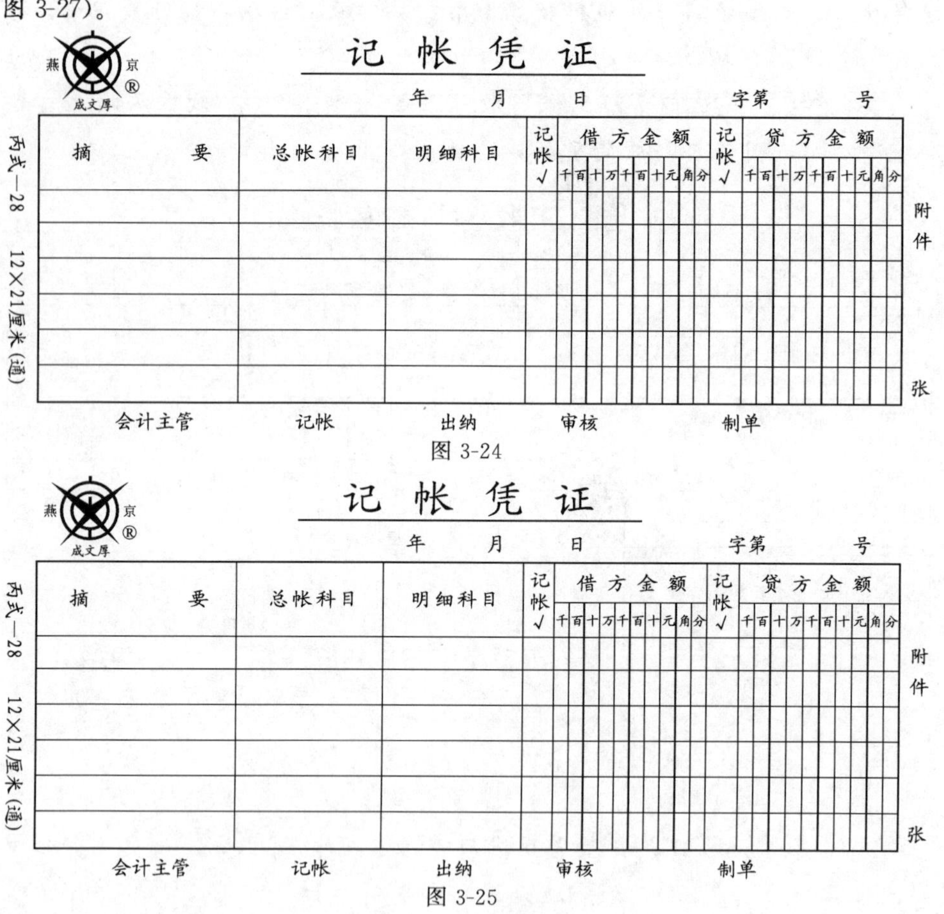

燕京 成文厚 ®

记 帐 凭 证

年　月　日　　字第　　号

丙式—28　12×21厘米(通)

摘　要	总帐科目	明细科目	记帐√	借方金额 千百十万千百十元角分	记帐√	贷方金额 千百十万千百十元角分

附件　张

会计主管　记帐　出纳　审核　制单

图 3-24

燕京 成文厚 ®

记 帐 凭 证

年　月　日　　字第　　号

丙式—28　12×21厘米(通)

摘　要	总帐科目	明细科目	记帐√	借方金额 千百十万千百十元角分	记帐√	贷方金额 千百十万千百十元角分

附件　张

会计主管　记帐　出纳　审核　制单

图 3-25

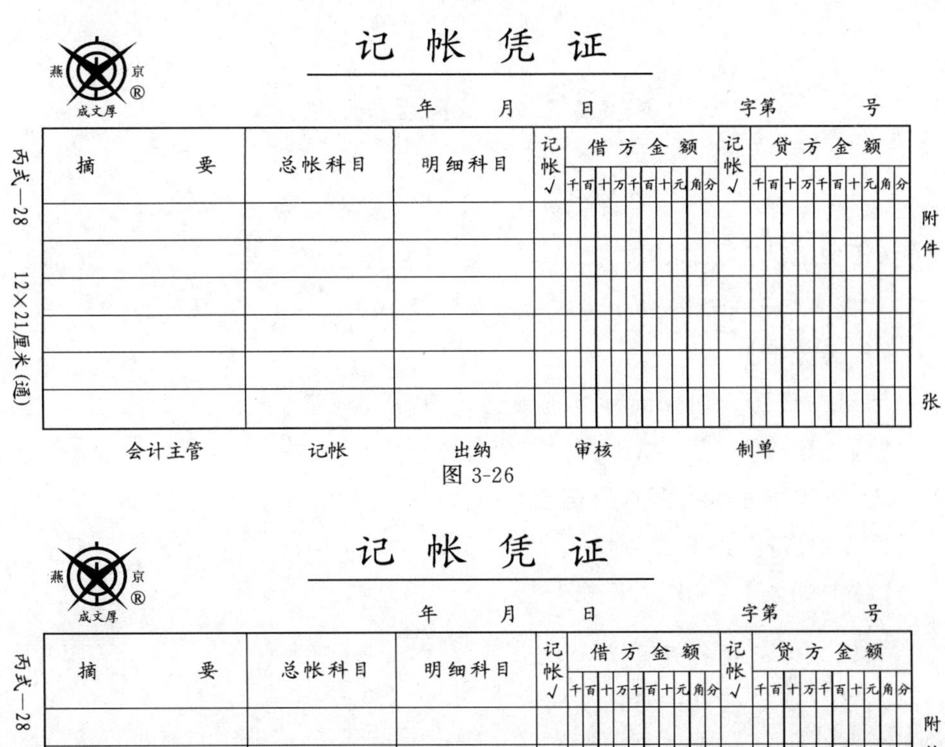

燕京 成文厦 ®

记 帐 凭 证

年　　月　　日　　　　字第　　　号

丙式—28　12×21厘米(通)

摘　要	总帐科目	明细科目	记帐√	借方金额										记帐√	贷方金额									
				千	百	十	万	千	百	十	元	角	分		千	百	十	万	千	百	十	元	角	分

附件　　张

会计主管　　记帐　　出纳　　审核　　制单

图 3-26

燕京 成文厦 ®

记 帐 凭 证

年　　月　　日　　　　字第　　　号

丙式—28　12×21厘米(通)

摘　要	总帐科目	明细科目	记帐√	借方金额										记帐√	贷方金额									
				千	百	十	万	千	百	十	元	角	分		千	百	十	万	千	百	十	元	角	分

附件　　张

会计主管　　记帐　　出纳　　审核　　制单

图 3-27

模块七　开立账户

【任务描述】

能够掌握办理银行开户的办法。

【任务分析】

通过本训练，协助会计办理银行开户。

【操作程序】

① 准备办理银行开户所需资料。

② 到银行办理开户手续。

【技能训练】

实训　办理银行开户

到银行办理开户手续所需资料：

①《企业法人营业执照》或《营业执照》正本；

② 企业财务印章及印章的印鉴卡片；

③ 税务登记证的正本或副本；

④ 法人和会计主管身份证原件、复印件；

⑤ 组织机构代码证副本原件、复印件；

⑥ 开户许可证。

训练要求

① 熟悉办理银行开户应准备的文件。

② 签署《单位银行结算账户管理协议》。

③ 填写开立单位银行结算账户申请书。

训练指导

按照《银行账户管理办法》的规定，存款人可以自主选择银行，银行也可以自愿选择存款人开立账户，任何单位和个人都不能干预存款人在银行开立和使用账户。

新建公司开立存款账户与开立验资账户不同：开立验资账户是在办理工商营业执照时，由工商行政管理部门指定的银行；开立账户必须要在当地人民银行申请取得开户许可证后，再由公司选择金融机构办理。公司开立验资账户的银行和开立存款账户的银行可以是同一家银行，也可以不是同一家银行，视具体情况来定。

模块八　购买银行票据

【任务描述】

能够掌握购买银行结算凭证的方法。

【任务分析】

通过本训练，能够独立购买银行结算空白凭证。

【操作程序】

① 根据结算业务需要，确定购买空白凭证。

② 准备购买所需资料。

③ 到开户行购买空白凭证。

【技能训练】

实训　购买银行结算凭证

2016 年 1 月 4 日，出纳员购领现金支票、转账支票、进账单各一本。开户银行审核无误后，收取工本费、手续费共 50 元，并同时在“领用空白凭证收费单“上盖章。出纳员回来后登记“支票供应使用登记簿”和“支票配售记录”。

训练要求

① 填写“重要空白凭证领用单”。

② 填写“领用空白凭证收费单”。

③ 登记“支票供应使用登记簿”和“支票配售记录”。

训练指导

1. 重要空白凭证领用单

出纳员在填制重要空白凭证领用单时，一定注意认真填写单位名称及账号，领用凭证的名称、数量，银行预留印鉴。

2. 支票供应使用登记簿

“支票供应使用登记簿”扉页登记时，在启用该账簿籍时一次登记，按照企业基本情况逐项填写即可。簿籍中每页是连续编号的，既体现配售记录，同时也说明使用情况，出纳员必须根据实际情况逐行进行登记。

3. 银行收费

① 银行办理各项支付结算业务，根据承担的责任、业务成本及应付给有关部门的费用，分别收取邮费、电报费、手续费、凭证工本费（信用卡卡片费）、挂失手续费，以及信用卡年费、特约手续费、异地存取款手续费。

② 收费范围　除财政金库全部免收，存款不计息账户免收邮费、手续费外，对其他单位和个人都要按照规定收取费用。

③ 收费标准　各项收费标准按照《支付结算办法》中的《支付结算业务收费表》收取，或者执行中国人民银行的有关规定。

④ 单位委托银行办理有关支付结算业务支付各项银行收费时，应填制一式三联的银行收费凭证，并在第三联预留印鉴处加盖预留银行印鉴。付款后，银行加盖转讫章，将第一联回单退给委托单位作为记账的依据。

模块九　银行存款日记账

【任务描述】

嘉越公司银行存款日记账的设置和登记。

【任务分析】

要掌握银行存款日记账的设置和登记，必须分析银行存款收支业务，根据审核无误的收、付款凭证或记账凭证以及所附的原始凭证，按照账簿登记的一般要求及日记账登记的方法和要求进行。

【操作程序】

① 对嘉越公司银行存款收付相关凭证进行分析。

② 设置和登记银行存款日记账。

【技能训练】

1. 银行存款日记账

银行存款日记账是各单位重要的经济档案之一，为保证账簿使用的合法性，明确经济责任，防止舞弊行为，保证账簿资料的完整和便于查找，各单位在启用时，首先要按规定内容逐项填写“账簿启用表”和“账簿目录表”。在账簿启用表中，应写明单位名称、账簿名称、账簿编号和启用日期；在经管人员一栏中写明经管人员姓名、职别、接管或移交日期，由会计主管人员签名盖章，并加盖单位公章。

2. 银行存款日记账的登记

银行存款日记账通常由出纳人员根据审核后的银行存款收、付款凭证或记账凭证，逐日逐笔顺序登记。登记银行存款日记账的总的要求是：分工明确，专人负责，凭证齐全，内容完整，登记及时，账款相符，数字真实，表达准确，书写工整，摘要清楚，便于查阅，不重记，不漏记，不错记，按期结账，不拖延积压，按规定方法更正错账等。具体要求如下。

① 根据复核无误的收、付款记账凭证记账。银行出纳人员在办理收、付款时，应当对收款凭证和付款凭证进行仔细的复核，并以经过复核无误的收、付款记账凭证和其所附原始凭证，作为登记银行存款日记账的依据。

② 所记载的内容必须同会计凭证相一致，不得随意增减。每一笔账都要记明记账凭证的日期、编号、摘要、金额和对应科目等。经济业务的摘要不能过于简略，应以能够清楚地表述业务内容为度，便于事后查对。日记账应逐笔分行记录，不得将收款凭证和付款凭证合并登记，也不得将收款、付款相抵后以差额登记。登记完毕，应当逐项复核，复核无误后在记账凭证上的“账页”一栏内做出“过账”符号“√”，表示已经登记入账。

③ 逐笔、序时登记日记账，做到日清月结。为了及时掌握银行存款收、付和结余情况，银行存款日记账必须当日账务当日记录，并于当日结出余额。有些银行存款收、付业务频繁的单位，还应随时结出余额，以掌握收、支计划的执行情况。

④ 必须连续登记，不得跳行、隔页，不得随便更换账页和撕去账页。银行存款日记账采用订本式账簿，其账页不得以任何理由撕去，作废的账页也应留在账簿中。在一个会计年度内，账簿尚未用完时，不得以任何借口更换账簿或重抄账页。记账时必须按页次、行次、位次顺序登记，不得跳行或隔页登记，如不慎发生跳行、隔页时，应在空页或空行中间划线加以注销，或注明“此行空白”“此页空白”字样，并由记账人员盖章，以示负责。

⑤ 文字和数字必须整洁清晰，准确无误。在登记书写时，不要滥造简化字，不得使用同音异义字，不得写怪字体；摘要文字紧靠左线；数字要写在金额栏内，不得越格错位、参差不齐；文字、数字字体大小适中，紧靠下线书写，上面要留有适当空距，一般应占格宽的二分之一，以备按规定的方法改错。记录金额时，如为没有角分的整数，应分别在角分栏内写上“0”，不得省略不写，或以“—”号代替。阿拉伯数字一般应自左向右适当倾斜，以使账簿记录整齐、清晰。

⑥ 使用钢笔，以蓝、黑色墨水书写，不得使用圆珠笔（银行复写账簿除外）或铅笔书写。但按照红字冲账凭证冲销错误记录及会计制度中规定用红字登记的业务，可以用红色墨水记账。

⑦ 每一账页记完后，必须按规定转页。为便于计算，了解日记账中

连续记录的累计数额，并使前后账页的合计数据相互衔接，在每一账页登记完毕结转下页时，应结出本页发生额合计数及余额，写在本页最后一行和下页第一行的有关栏内，并在摘要栏注明“过次页”和“承前页”字样。也可以在本页最后一行用铅笔字结出发生额合计数和余额，核对无误后，用蓝、黑色墨水在下页第一行写出上页的发生额合计数及余额，在摘要栏内写上“承前页”字样，不再在本页最后一行写“过次页”的发生额和余额。

⑧ 银行存款日记账必须逐日结出余额，每月月末必须按规定结账。银行存款日记账不得出现贷方余额（或红字余额）。

⑨ 记录发生错误时，必须按规定方法更正。为了提供在法律上有证明效力的核算资料，保证日记账的合法性，账簿记录不得随意涂改，严禁刮、擦、挖、补，或使用化学药物清除字迹。发现差错，必须根据差错的具体情况采用划线更正、红字更正、补充登记等方法更正。

实训 嘉越公司 2016 年 9 月初银行存款日记账余额为 6297000 元，本月发生下列有关经济业务。

① 1 日，公司从梅山实业购入 A 材料 20000 公斤，单价 25 元，计货款 500000 元；增值税专用发票上注明的进项税额为 85000 元。材料验收入库，款已通过银行支付。

② 6 日，出纳员签发转账支票一张，号码为 00790，支付外单位外包劳务费 5000 元。

③ 7 日，公司接银行转来的供电部门付款通知，按耗电量及电费单价计算，车间电费 20000 元；管理部门电费 2000 元；发票上注明的进项税额为 3740 元。所有款项通过银行支付。

④ 7 日，出纳员签发转账支票一张，支付本月当地媒体广告费 15000 元，支票号码为 00791。

⑤ 12 日，公司销售甲产品 50 台，计货款 889400 元，销项税额 151198 元。所有款已通过银行收到。

⑥ 14 日，公司销售乙产品 60 件，计货款 1001280 元，销项税额 170217 元。款已通过银行收到。

⑦ 14 日，公司从银行借入 100000 元，期限为 5 年，年利率 10%，到期一次还本付息的长期借款。

⑧ 17 日，公司接受某投资人的投资，其中银行存款 400000 元，固定资产协议价 200000 元，均未超过公司的注册资本。

⑨ 28 日，公司向银行申请办理银行汇票用以购买原材料，将款项 250000 元交存银行转作银行汇票存款。

⑩ 28 日，甲公司采用托收承付结算方式向乙公司销售商品一批，价款 300000 元，增值税税额 51000 元，以银行存款代垫运杂费 6000 元，已办理托收手续。

要求：(1) 编制上述业务的记账凭证（图 3-28～图 3-37）。

(2) 根据以上业务登记银行存款日记账（图 3-38）。

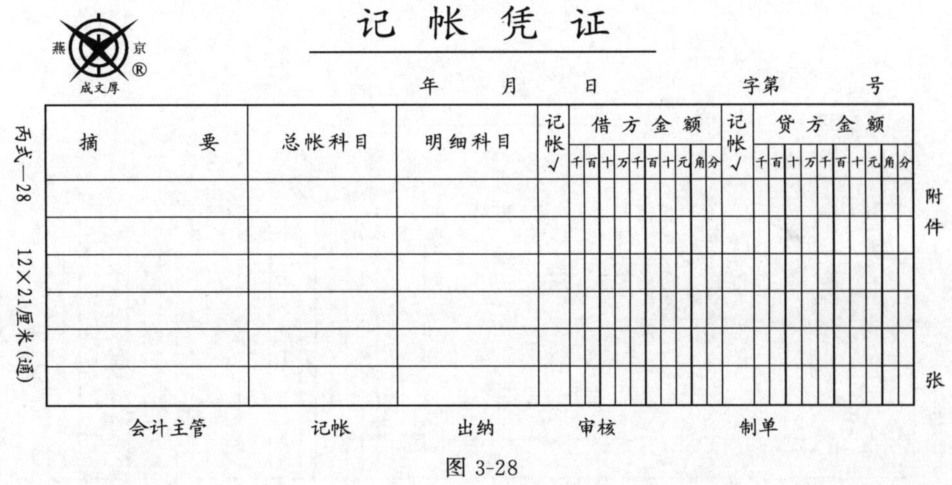

燕京 成文厚®

记 帐 凭 证

年　月　日　　字第　　号

丙式—28　12×21厘米(通)

摘要	总帐科目	明细科目	记帐√	借方金额										记帐√	贷方金额									
				千	百	十	万	千	百	十	元	角	分		千	百	十	万	千	百	十	元	角	分

附件　　张

会计主管　　记帐　　出纳　　审核　　制单

图 3-28

燕京 成文厚®

记 帐 凭 证

年　月　日　　字第　　号

丙式—28　12×21厘米(通)

摘要	总帐科目	明细科目	记帐√	借方金额										记帐√	贷方金额									
				千	百	十	万	千	百	十	元	角	分		千	百	十	万	千	百	十	元	角	分

附件　　张

会计主管　　记帐　　出纳　　审核　　制单

图 3-29

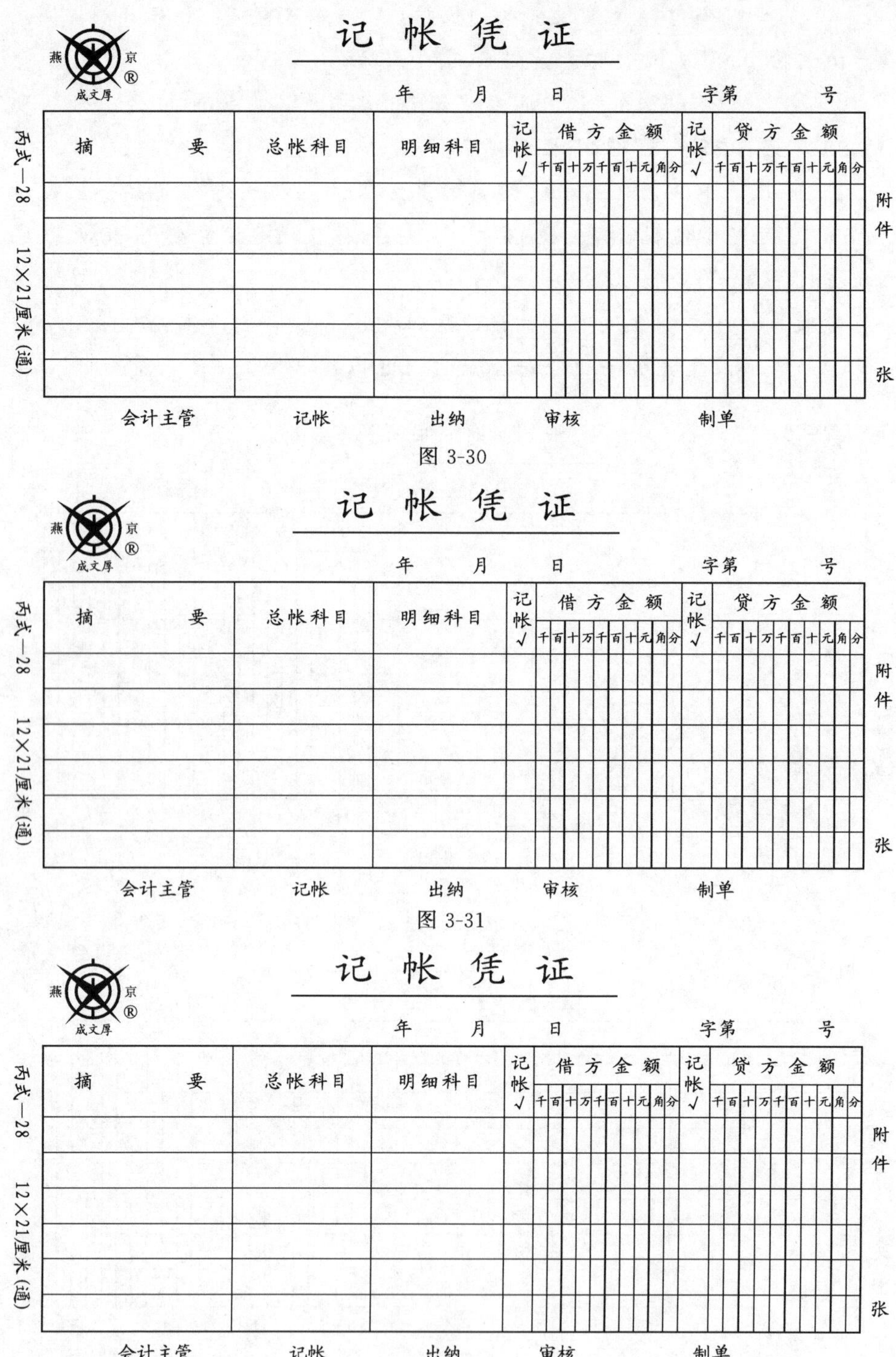

燕京 ® 成文厚

记帐凭证

年　月　日　　字第　号

丙式—28　12×21厘米(通)

摘要	总帐科目	明细科目	记帐√	借方金额										记帐√	贷方金额									
				千	百	十	万	千	百	十	元	角	分		千	百	十	万	千	百	十	元	角	分

附件　张

会计主管　记帐　出纳　审核　制单

图 3-30

燕京 ® 成文厚

记帐凭证

年　月　日　　字第　号

丙式—28　12×21厘米(通)

摘要	总帐科目	明细科目	记帐√	借方金额										记帐√	贷方金额									
				千	百	十	万	千	百	十	元	角	分		千	百	十	万	千	百	十	元	角	分

附件　张

会计主管　记帐　出纳　审核　制单

图 3-31

燕京 ® 成文厚

记帐凭证

年　月　日　　字第　号

丙式—28　12×21厘米(通)

摘要	总帐科目	明细科目	记帐√	借方金额										记帐√	贷方金额									
				千	百	十	万	千	百	十	元	角	分		千	百	十	万	千	百	十	元	角	分

附件　张

会计主管　记帐　出纳　审核　制单

图 3-32

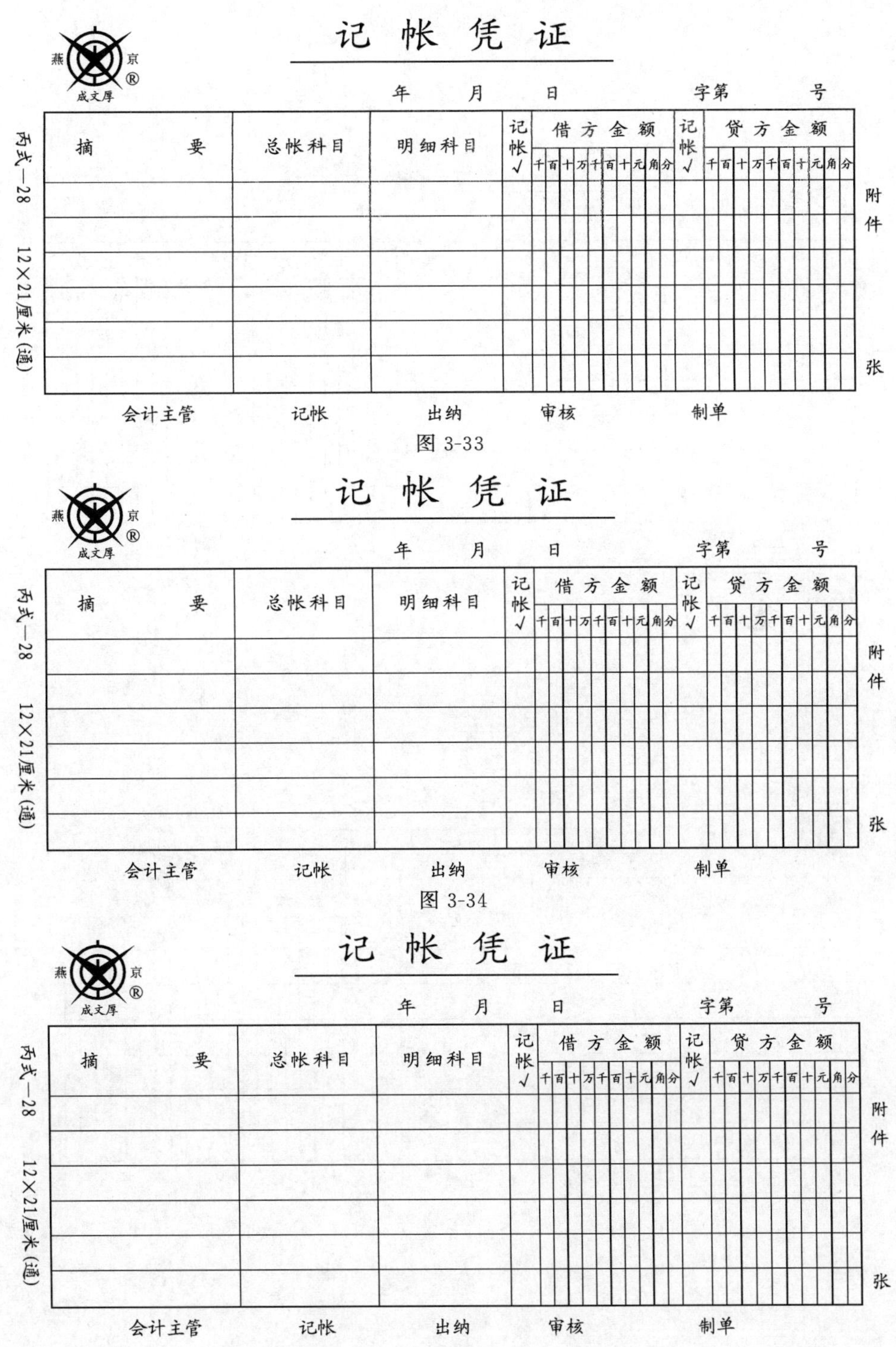

燕京 成文厚 ®

记 帐 凭 证

年 月 日 字第 号

丙式—28 12×21厘米(通)

摘 要	总帐科目	明细科目	记帐√	借方金额										记帐√	贷方金额								
				千	百	十	万	千	百	十	元	角	分		千	百	十	万	千	百	十	元	角	分

附件 张

会计主管 记帐 出纳 审核 制单

图 3-33

燕京 成文厚 ®

记 帐 凭 证

年 月 日 字第 号

丙式—28 12×21厘米(通)

摘 要	总帐科目	明细科目	记帐√	借方金额										记帐√	贷方金额								
				千	百	十	万	千	百	十	元	角	分		千	百	十	万	千	百	十	元	角	分

附件 张

会计主管 记帐 出纳 审核 制单

图 3-34

燕京 成文厚 ®

记 帐 凭 证

年 月 日 字第 号

丙式—28 12×21厘米(通)

摘 要	总帐科目	明细科目	记帐√	借方金额										记帐√	贷方金额								
				千	百	十	万	千	百	十	元	角	分		千	百	十	万	千	百	十	元	角	分

附件 张

会计主管 记帐 出纳 审核 制单

图 3-35

燕京 成文厚®

记 帐 凭 证

年 月 日 字第 号

丙式—28 12×21厘米(通)

摘 要	总帐科目	明细科目	记帐√	借方金额										记帐√	贷方金额									
				千	百	十	万	千	百	十	元	角	分		千	百	十	万	千	百	十	元	角	分

附件 张

会计主管 记帐 出纳 审核 制单

图 3-36

燕京 成文厚®

记 帐 凭 证

年 月 日 字第 号

丙式—28 12×21厘米(通)

摘 要	总帐科目	明细科目	记帐√	借方金额										记帐√	贷方金额									
				千	百	十	万	千	百	十	元	角	分		千	百	十	万	千	百	十	元	角	分

附件 张

会计主管 记帐 出纳 审核 制单

图 3-37

银行存款日记账

年			摘　　要	借方金额									贷方金额									余额								
月	日	编号																												
				百	十	万	千	百	十	元	角	分	百	十	万	千	百	十	元	角	分	百	十	万	千	百	十	元	角	分

图 3-38

模块十　银行存款对账、结账

企业应当及时核对银行存款账户，以确保银行存款账面余额与银行对账单相符。在同银行核对账目之前，应先对本单位银行存款日记账进行检查复核，保证账簿记录完整、正确，然后再根据银行送来的对账单，按照结算凭证号码逐笔核对。具体的步骤如下：

从银行存款日记账的第一笔开始，到对账单中寻找，如能找到，则两边账簿的同一笔业务做相同的记号，如找不到对应的业务，则不做记号。最后凡没有做记号的就是未达账项。

未达账项有 4 种情况：

- 银行已收款入账，企业尚未收款入账的款项；
- 银行已付款入账，企业尚未支付入账的款项；
- 企业已收款入账，而银行尚未收款入账的款项；
- 企业已付款入账，而银行尚未付款入账的款项。

为了准确掌握企业可运用的银行存款实有数，在核对中如发现未达账项，应编制"银行存款余额调节表"进行调节。

银行存款日记账余额＋银行已收企业未收的款项－
银行已付企业未付的款项＝银行对账单余额＋
企业已收银行未收的款项－企业已付银行未付的款项

企业银行存款余额调节表一般一式两份，经企业财务负责人复核签字后，一份由出纳员自存，另一份上交财务负责人。

银行存款余额调节表是检查银行存款日记账是否正确的一种方法，而不是登记账簿的依据。

实训　编制银行存款余额调节表。

【任务描述】

通过本训练，学会编制银行存款余额调节表。

【任务分析】

做好对账工作，找出未达账项，编制银行存款余额调节表。

【操作程序】

① 对嘉越公司银行存款对账中产生的未达账项进行分析。

② 编制银行存款余额调节表。

【技能训练】

训练资料：

① 银行存款对账单（图 3-39）；

中国工商银行对账单

日期	摘要	凭证号	借方发生额	贷方发生额	借、贷标志	余额	序号
	承上月余额					6097000	
20160604	转账支出	7489624	40000		贷	6057000	26860099
20160605	现金支出	3747103	30000			6027000	27260020
20160606	转账收入	3747104		60000		6087000	28330242
20160608	现金支出	7489625	35000			6052000	28330069
20160608	转账支出	9474252	400000			5652000	27260028
20160609	转账收入	1829571		95000		5747000	28330239
20160610	转账支出	9271957	50000			5697000	28330077
20160611	转账支出	0927574	117000			5580000	T1010042
20160616	转账支出	8571950	40000			55440000	89732489
20160628	转账支出	9285728	80000			5460000	29579175
20160630	转账收入	8197234		40000		5500000	28297582
20160630	转账支出	8175927	570000			4930000	96719825
	本页合计		1362000	195000		4930000	

图 3-39

② 银行存款日记账（图 3-40）；

③ 编制银行存款余额调节表。

训练要求：进行银行存款核对，写出未达账项的数额。

银行已收款入账，企业尚未收款入账的款项：

银行已付款入账，企业尚未支付入账的款项：

企业已收款入账，而银行尚未收款入账的款项：

企业已付款入账，而银行尚未付款入账的款项：

编制银行存款余额调节表是保证银行存款安全的重要措施之一，经调节后，企业银行存款余额与该账户银行对账单余额应该一致。经调节后的余额是企业真正可以动用的银行存款。

银行存款日记账

2016年		结算凭证		摘　要	借方	贷方	余额
月	日	种类	号数				
6	4	转支	略	付货款		40000	6097000
6	5	现支	略	提　现		30000	
6	5	转支	略	广告费		45000	
6	6	特转	略	利　息	60000		
6	8	现支	略	差旅费		35000	
6	8	汇票	略	保险费		400000	
6	10	转支	略	货　款		50000	
6	14	委收	略	电话费		30000	
6	16	转支	略	养路费		40000	
6	20		略	存现金	50000		
6	30	转支	略	运输费	40000		
6	30	汇票	略	购　货		570000	
			略	合　计	150000	1240000	5007000

企业银行账面余额：	对账单余额：
加：银行已收企业未收金额：	加：企业已收银行未收金额：
减：银行已付企业未付金额：	减：企业已付银行未付金额：
调节后企业银行账面余额：	调节后银行对账单余额：
调节后银行对账单核对情况：	
编制人： 编制日期：	复核人： 复核日期：

图 3-40

项目四

出纳岗位综合实训

【实训目标】

1. 综合了解出纳岗位所涉及的经济业务。

2. 会独立审核、填制库存现金、银行存款和其他货币资金等业务涉及的各种原始凭证。

3. 会独立填制出纳岗位的各种票据及办理现金和银行票据业务。

4. 掌握现金和银行存款日记账的登记，会熟练编制银行存款余额表。

5. 能熟练地处理货币资金的收付业务。

6. 培养学生与人交流、团结协作的意识。

7. 全面认识出纳工作，积极进取，客观公正，熟悉国家各项财经制度及税务、金融法规，基本胜任出纳岗位。

一、企业背景资料

1. 企业基本情况说明

企业名称：太原欣贸有限公司

企业地址：太原市小店区北园路 16 号

企业电话：7523691

企业性质：有限责任公司

注册资金：人民币壹佰万元整

法人代表：李胜利

开户银行（基本户）：交通银行太原城南支行

行号：301088524322

银行账号：62824020009876125

税务登记号：140301201611318

经营范围：各类工服、校服、床上用品的生产和销售。

该公司为增值税一般纳税人，增值税率为 17%，所得税税率 25%。

财务主管：张立秋　负责主管审核公司全面财务核算管理工作。

会计：魏东宇　负责公司的日常经济业务的处理及填制记账凭证、登记账簿、编制会计报表及报税等工作。

出纳员：胡晓华　负责公司库存现金、有价证券、各类票据的保管，办理库存现金收付、银行结算业务处理和相关日记账的登记等工作。

公司有关印章用途及保管人说明：

印章名称	保管人	职位	印章用途说明
太原欣贸有限公司 ★	李胜利	总经理	公章： 用于单位公函、证明、文件等
太原欣贸有限公司 ★ 财务专用章	张立秋	财务主管	财务专用章： 用于单位各类财务事项，是公司预留银行印鉴
李胜利印	李胜利	总经理	法人名章： 用于单位法人事项，是公司预留银行印鉴
太原欣贸有限公司 140301201611318 发票专用章	魏东宇	会计	发票专用章： 用于本单位开具发票的印鉴，开具发票使用
现金付讫	胡晓华	出纳	用于付出现金凭证

续表

印章名称	保管人	职位	印章用途说明
现金收讫	胡晓华	出纳	用于收到现金凭证
银行收讫	胡晓华	出纳	用于收到银行存款凭证
银行付讫	胡晓华	出纳	用于付出银行存款凭证
作废	胡晓华	出纳	用于开具发票、支票、收据等原始凭证填写错误后加盖

2. 实际操作说明

① 根据下列资料中发生的业务，分析每笔业务所涉及到的所有单据，将各种单据裁剪下来，再根据所提示的出纳工作步骤进行操作练习，完成各项任务。

② 每笔业务完成之后，将原始单据附在记账凭证的后方，用胶棒粘贴固定。

③ 本月所有业务全部完成后，按凭证号的顺序排列起来装订成册，与日记账、备查簿统一妥善保管。

3. 资料

2016 年 6 月 30 日，现金日记账余额为 3500 元，银行存款日记账余额为 460583.65 元。

7 月份发生下列货币资金的收付业务。

二、资金收付业务

业务 1　员工出差借款

7 月 1 日，设计科王利华到北京开会，预借差旅费 3000 元，持经领导批准的借款申请单（图 4-1）到财务科预借差旅费，出纳员以现金支付。

借　款　单

2016 年 7 月 1 日

借款单位	设计科王利华		
借款理由	出差预借差旅费		
借款金额人民币(大写) 叁仟元整		¥3 000.00	
还款计划	2016 年 7 月 8 日		
领导批准	李胜利	借款人签字(盖章)	王利军

会计主管审核：**张立秋**　　　出纳：　　　付款方式：**现金**

图 4-1

出纳员按下列步骤完成工作：

① 审核借款单（图 4-1）；

② 审核无误后从保险柜中取出现金 3000 元，点数复核后交付王利华；

③ 在借款单相应位置签字并加盖“现金付讫”印章；

④ 根据借款单编制现金付款凭证（附件 1 张：借款单）；

⑤ 根据现金付款凭证及时登记现金日记账。

> **小常识**
>
> 工作中一定要当着经办人的面点钞报数，并交经办人点数复核，遵循当面结清、过后短少不补的原则。

业务 2　申请办理银行汇票

7 月 3 日，业务科王英杰持经领导批准的采购资金借款单（图 4-2），到财务科委托出纳员办理银行汇票 50000 元，准备去杭州采购夏季校服 T 恤面料。

出纳员按下列步骤完成工作：

① 审核采购资金借款单（图 4-2）；

太原欣贸有限公司采购资金借款单

借款部门：业务科　　　　　　　　　　　　　　　　2016 年 7 月 3 日

<table>
<tr><td colspan="2">物资名称及型号规格</td><td>单位</td><td>单价</td><td>数量</td><td>金额</td><td>供应单位</td></tr>
<tr><td colspan="2">2#白色纯棉布</td><td>匹</td><td>500.00</td><td>100</td><td>50000.00</td><td>全称：杭州西子棉纺厂
账号：3658912897643
开户银行：农行西湖支行</td></tr>
<tr><td>请款数</td><td colspan="5">（大写）伍万元整　　　¥50000.00</td><td>付款方式</td></tr>
<tr><td>实付数</td><td colspan="5">（大写）伍万元整　　　¥50000.00</td><td>汇票、电汇、信汇、</td></tr>
</table>

公司负责人：李胜利　　借款人：王英杰　　出纳：　　审核：

图 4-2

② 填制汇票申请书（图 4-3，一式三联），到银行办理银行汇票，并取回加盖银行印章汇票委托书存根第 1 联及银行汇票第 2 联（图 4-4）和第 3 联（图 4-5）；

银行汇票申请书　　（存根）

申请日期　　　年　　月　　日

<table>
<tr><td>申请人</td><td></td><td>收款人</td><td colspan="10"></td></tr>
<tr><td>账号或地址</td><td></td><td>账号或地址</td><td colspan="10"></td></tr>
<tr><td>用途</td><td></td><td>代理付款行</td><td colspan="10"></td></tr>
<tr><td rowspan="2">汇票金额</td><td colspan="2">人民币</td><td>千</td><td>百</td><td>十</td><td>万</td><td>千</td><td>百</td><td>十</td><td>元</td><td>角</td><td>分</td></tr>
<tr><td colspan="2">（大写）</td><td></td><td></td><td></td><td></td><td></td><td></td><td></td><td></td><td></td><td></td></tr>
<tr><td colspan="2">备注：</td><td colspan="11">科　目</td></tr>
<tr><td colspan="2"></td><td colspan="11">对方科目</td></tr>
<tr><td colspan="2"></td><td colspan="11">财务主管　　　复核　　　经办</td></tr>
</table>

图 4-3

交通银行汇票委托书

付款期限

银 行 汇 票 2

00448988
第 号

出票日期（大写）	贰零壹陆年柒月零叁日			代理付款行：交通银行太原城南支行 行号：301088524322
收款人	杭州西子棉纺厂			账号：3658912897643
出票金额	人民币（大写） 伍万元整			
实际结算金额	人民币（大写）			千 百 十 万 千 百 十 元 角 分 ✓ ¥

申请人：太原欣贸有限公司　　账号或住址：62824020009876125

行号：

出票行：交行太原城南支行

备　注：购材料款

凭票付款

出票行签章

		科目（借）
	多 余 金 额	科目（贷）
		兑付日期：　年　月　日
千 百 十 万 千 百 十 元 角 分		复核　　记账

图 4-4

交通银行　　00448988

银 行 汇 票（解讫通知） 3　　第　号

出票日期（大写）	贰零壹陆年柒月零叁日		代理付款行：交通银行太原城南支行 行号：301088524322
收款人	杭州西子棉纺厂		账号：3658912897643
出票金额	人民币（大写） 伍万元整		
实际结算金额	人民币（大写）		千 百 十 万 千 百 十 元 角 分 ✓ ¥

申请人：太原欣贸有限公司　　账号或住址：62824020009876125

行号：

出票行：交行太原城南支行

备　注：购材料款

凭票付款

出票行签章

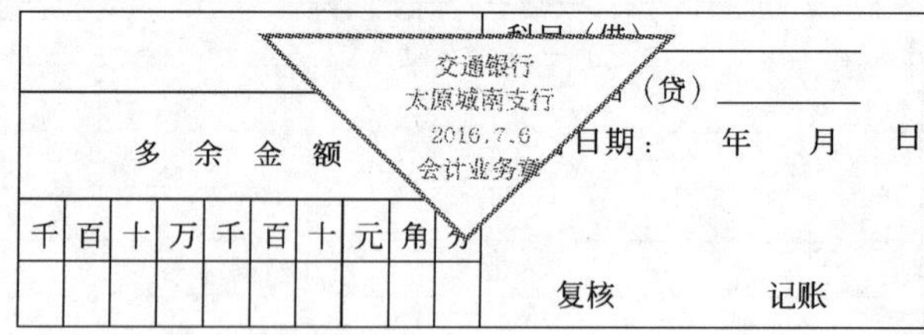

	科目（借）
多 余 金 额	科目（贷）
	兑付日期：　年　月　日
千 百 十 万 千 百 十 元 角 分	复核　　记账

图 4-5

③ 在审核无误的汇票委托书存根第 1 联和采购资金借款单上加盖“银行付讫”印章；

④ 将银行汇票第 2 联和第 3 联交业务科王英杰；

⑤ 根据汇票委托书存根第 1 联和采购资金借款单编制银行付款凭证（附件 2 张：汇票委托书存根第 1 联、采购资金借款单）；

⑥ 根据银行付款凭证及时登记银行存款日记账。

小常识

银行汇票由银行签发和解付，只能由参加“全国联合行往来”的银行机构办理。工作中在交付经办人时应告知付款期限为 1 个月。

业务 3 签发现金支票提现

7 月 4 日，出纳员签发现金支票一张，到银行提取现金 5000 元，差旅费备用。

出纳员按下列步骤完成工作：

① 在支票使用簿内登记相关内容（图 4-6），签发现金支票正面（图 4-7）反面（图 4-8）有关内容，交会计主管和法人分别加盖财务专用章和法人印章预留银行印鉴（正反面均加盖）；

太原欣贸有限公司支票（现金、转账）使用登记簿

部门	支票号码	领用人	领用日期	用途	对方单位	金额

图 4-6

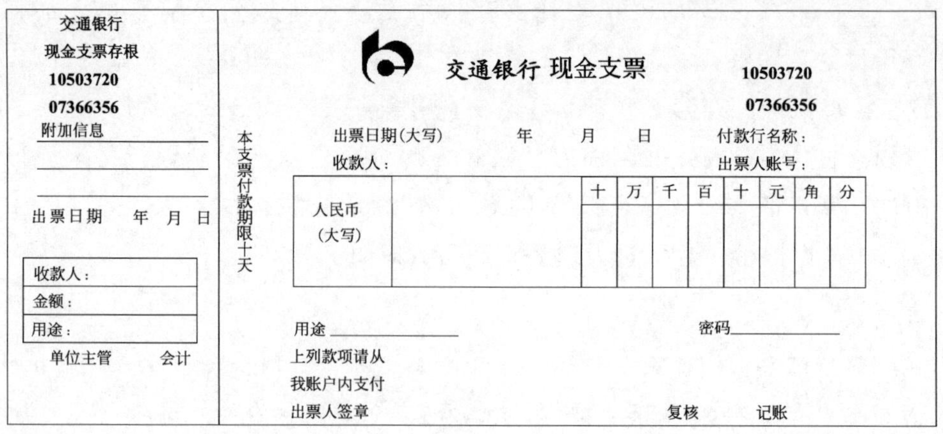

交通银行
现金支票存根
10503720
07366356
附加信息

出票日期　年　月　日

收款人：
金额：
用途：

单位主管　会计

本支票付款期限十天

交通银行 现金支票　10503720　07366356

出票日期(大写)　年　月　日　付款行名称：
收款人：　出票人账号：

人民币（大写）		十	万	千	百	十	元	角	分

用途　密码
上列款项请从
我账户内支付
出票人签章　复核　记账

图 4-7

附加信息

收款人签章

身份证件名称　发证机关　年　月　日

号码

图 4-8

② 使用密码器操作，生成支付密码，并将支付密码填入现金支票密码区域（假设支付密码器生成的支付密码为 874357682）；

③ 审核无误后将现金支票沿虚线裁开，留存存根联，持其正联到开户银行提取现金；

④ 从银行提回现金放入保险柜，在审核无误的现金支票存根上加盖“银行付讫”印章；

⑤ 根据现金支票存根编制银行付款凭证（附件 1 张：现金支票存根）；

⑥ 根据银行付款凭证登记现金、银行存款日记账。

小常识

（1）填写的支付密码与银行的数据一致，银行才会付款。

（2）出纳到银行提现需携带身份证方可办理，银行要验证出纳身份信息。

业务 4　收到进账单

7 月 5 日，从银行取得进账单收账通知联，是博雅学校转来上月购进的夏季校服款共计，35000 元。

出纳员按下列步骤完成工作：

① 在银行窗口接到传递的进账单收账通知第 3 联（图 4-9），当面审核；

交通银行　**进账单**（收账通知）　**3**

2016 年 7 月 3 日

<table>
<tr><td rowspan="3">收款人</td><td>全称</td><td>太原欣贸有限公司</td><td rowspan="3">付款人</td><td>全称</td><td colspan="10">博雅学校</td></tr>
<tr><td>账号</td><td>6282402000987612</td><td>账号</td><td colspan="10">0056-32786</td></tr>
<tr><td>开户银行</td><td>交行太原城南支行</td><td>开户银行</td><td colspan="10">工行太原城北支行</td></tr>
<tr><td rowspan="2">金额</td><td rowspan="2">人民币（大写）</td><td colspan="3" rowspan="2">叁万伍仟元整</td><td>千</td><td>百</td><td>十</td><td>万</td><td>千</td><td>百</td><td>十</td><td>元</td><td>角</td><td>分</td></tr>
<tr><td></td><td></td><td>¥</td><td>3</td><td>5</td><td>0</td><td>0</td><td>0</td><td>0</td><td>0</td></tr>
<tr><td>票据种类</td><td>支票</td><td>票据张数</td><td colspan="2">1</td><td colspan="10" rowspan="3"></td></tr>
<tr><td>票据号码</td><td colspan="4">00618213</td></tr>
<tr><td>复核</td><td colspan="4">记账</td></tr>
</table>

此联是开户银行交给收款人的收账通知

图 4-9

② 将审核无误的进账单拿回单位，在收账通知第 3 联上加盖“银行收讫”印章；

③ 根据进账单收账通知第 3 联编制银行收款凭证（附件 1 张：进账单收账通知第 3 联）；

④ 根据银行收款凭证登记银行存款日记账。

小常识

进账单收账通知第 3 联是付款方通过银行转账的款项，意味着该款项已入企业银行存款户。

业务5 办理异地托收货款

7月5日，向外地慧达职业技术学校销售学生公寓床品，开具的增值税价款200000元，税款34000元，双方约定采用托收承付结算方式，慧达学校验货付款，业务科发货（由慧达学校安排和结算的货运方负责承运），出纳到银行办理异地托收货款手续。

出纳员按下列步骤完成工作：

① 审核业务员转来的销货发票（图4-10）和购销合同（购销16045号合同书）；

山西省增值税专用发票　No　00034689

记　账　联　　开票日期：2016年月7月5日

购货单位	名　　称：慧达职业技术学校 纳税人识别号：3986732563188 地址、电话：兴城市新丰路12号 开户行及账户：8586793653 2 兴业银行兴城 支行				密码区			
货物或应税劳务名称	规格型号	单位	数量	单价	金额	税率	税额	
被褥	五孔棉	套	1000	200	200000.00	17%	34000.00	
合计					¥200000.00		¥34000.00	
价税合计（大写）	贰拾叁万肆仟元整			（小写）234000.00				
销货单位	名　　称：太原欣贸有限公司 纳税人识别号：140301201611318 地址、电话：太原市小店区北园路16号7523691 开户行及账户：交通银行太原城南支行 62824020009876125				备注			

收款人：　　复核人：　　开票人：李丽丽　　销货单位：（章）

第三联：记账联　销货方记账凭证

图4-10

② 审核无误后，持销货发票的发票联、抵扣联和购销合同前往开户开户银行，填制异地托收结算凭证（图4-11），办理托收手续；

③ 将银行盖章的托收结算凭证回单联妥善保管好并登记异地托收承付收款登记簿；

④ 根据增值税专用发票记账联交会计编制转账凭证（附件1张：增值税专用发票记账联）；

⑤ 填制托收承付、委托收款登记簿（图4-12）；

托 收 凭证（回　单）1　托收号码：836754

㊞邮

委托日期　　年　　月　　日

<table>
<tr><td rowspan="3">付款人</td><td>全　称</td><td colspan="4"></td><td rowspan="3">收款人</td><td>全　称</td><td colspan="10"></td></tr>
<tr><td>账号或住址</td><td colspan="4"></td><td>账　号</td><td colspan="10"></td></tr>
<tr><td>开户银行</td><td colspan="4"></td><td>开户银行</td><td colspan="10"></td></tr>
<tr><td rowspan="2">托 收
金额</td><td colspan="7" rowspan="2">人民币
（大写）</td><td>千</td><td>百</td><td>十</td><td>万</td><td>千</td><td>百</td><td>十</td><td>元</td><td>角</td><td>分</td></tr>
<tr><td></td><td></td><td></td><td></td><td></td><td></td><td></td><td></td><td></td><td></td></tr>
<tr><td colspan="3">附件</td><td colspan="3">商品发运情况</td><td colspan="12">合同名称号码</td></tr>
<tr><td colspan="2">附寄单证
张数或册数</td><td></td><td colspan="3"></td><td colspan="12">购销 050[illegible]9 号</td></tr>
<tr><td colspan="3">备注：</td><td colspan="3">款项收妥日期

年　　月　　日</td><td colspan="12">交通银行
太原城南支行
2016.07.05
转讫

收款人开户银行盖章　　月　　日</td></tr>
</table>

图 4-11

托收承付、委托收款登记簿

年

<table>
<tr><td rowspan="3">购货单位</td><td rowspan="3">发货日期</td><td rowspan="3">发票号码</td><td rowspan="3">运费单号</td><td colspan="3">发出商品及材料</td><td colspan="5">托收承付、委托收款记录</td><td colspan="6">收款记录</td></tr>
<tr><td rowspan="2">名称</td><td rowspan="2">数量</td><td rowspan="2">实际成本</td><td rowspan="2">委托日期</td><td rowspan="2">凭证号码</td><td rowspan="2">货款金额</td><td rowspan="2">运费金额</td><td rowspan="2">小计</td><td colspan="3">已收</td><td colspan="3">拒付</td></tr>
<tr><td>日期</td><td>货款金额</td><td>运费金额</td><td>日期</td><td>金额</td><td>理由</td></tr>
<tr><td></td><td></td><td></td><td></td><td></td><td></td><td></td><td></td><td></td><td></td><td></td><td></td><td></td><td></td><td></td><td></td><td></td><td></td></tr>
<tr><td></td><td></td><td></td><td></td><td></td><td></td><td></td><td></td><td></td><td></td><td></td><td></td><td></td><td></td><td></td><td></td><td></td><td></td></tr>
<tr><td></td><td></td><td></td><td></td><td></td><td></td><td></td><td></td><td></td><td></td><td></td><td></td><td></td><td></td><td></td><td></td><td></td><td></td></tr>
<tr><td></td><td></td><td></td><td></td><td></td><td></td><td></td><td></td><td></td><td></td><td></td><td></td><td></td><td></td><td></td><td></td><td></td><td></td></tr>
<tr><td></td><td></td><td></td><td></td><td></td><td></td><td></td><td></td><td></td><td></td><td></td><td></td><td></td><td></td><td></td><td></td><td></td><td></td></tr>
<tr><td></td><td></td><td></td><td></td><td></td><td></td><td></td><td></td><td></td><td></td><td></td><td></td><td></td><td></td><td></td><td></td><td></td><td></td></tr>
</table>

图 4-12

⑥ 将银行盖章的托收承付结算凭证回单联夹入托收承付、委托收款登记簿中单独保管，以便日后货款收回核对。

（说明：该笔业务出纳到银行办理有关托收货款手续，编制转账记账由会计完成）

小常识

托收凭证是银行统一印制的格式化的票据，是银行与托收单位之间办理业务时的凭证，办理该业务银行会收取一定比例的手续费。

业务6　购买支票

7月5日，出纳员胡晓华在银行办理上述业务的同时，购领转账支票一本。开户银行受理审核无误后，收取工本费10元、手续费25元，并同时在“领用空白凭证收费单”上盖章。

出纳员按下列步骤完成工作：

① 向银行柜台领用空白凭证领用单（图4-13，一式三联）；

交通银行（　　　）空白凭证领用单

单位名称

2016　年　7　月　5　日　　　　第　　号

票据名称	领用凭证号码		单位	数量	单价	金额							
	起号	止号				十	万	千	百	十	元	角	分
转账支票			本	1						1	0	0	0
人民币（大写）壹拾元整										1	0	0	0

交通银行
太原城南支行

经领人　　　　　　（银行盖章）

图4-13

② 填制空白凭证领用单（转账支票每本10元），将填制完成的凭单递入银行窗口审核；

③ 银行审核出纳填制完成的空白凭证领用单凭单后，加盖业务受理

章退回第 2 联，同时传递手续费付款通知书（图 4-14）；

交通银行（ 太原城南支行 ）付款通知书

日期　2016-7-5

编号 1230　　　　交易代码 06512-002

单位名称　太原市欣贸有限公司		
银行账号　62824020009876125		
收费类型 1—转账 10.00　　手续费　25.00	金额合计	CNY 35.00
合计（大写）人民币叁拾伍元整		

第二联　回单

付款通知书加盖我行业务公章方有效

图 4-14

④ 认真审核传递的空白凭证领用单第 2 联、手续费收费凭证支付通知书；确认无误签章退回窗口；

⑤ 银行传递现金支票及现金支票领购配售簿（图 4-15）；

支票（现金、转账）配售记录簿

日期	支票名称	支票起讫号码	数量	单位账号	单位名称	领用人签章

图 4-15

⑥ 核对支票张数（每本 20 张，号码 218001～218020），确认无误后，在现金支票领购配售簿登记签章（图 4-15）。

小常识

购买支票发生的工本费等收费项目，银行从开户单位账户中扣款。

业务7 支票保管

持上述从开户银行购买的现金支票返回单位的事项。

出纳员按下列步骤完成工作：

① 在支票领购登记簿（图4-16）记录，将购买的现金支票锁入保险柜；

太原欣贸有限公司支票（现金、转账）领购登记簿

日期	支票名称	支票起讫号码	数量	用途	签章	备注

图4-16

② 根据银行盖章的空白凭证领用单、手续费收费凭证支付通知书编制银行付款凭证（附件2张：工本费　空白凭证领用单第二联、手续费收费凭证支付通知）；

③ 根据银行付款凭证登记银行存款日记账。

小常识

购买支票后要做好相关台账记录。

业务8 取得借款

7月6日，从银行取得短期借款500 000元，利率6%。借款已入企业账户，取得银行借款凭证入账通知。

出纳员按下列步骤完成工作：

① 审核与银行签订的借款合同（图4-17），到银行取回借款凭证（回单）（图4-18）；

② 在审核无误的借款凭证（回单）上加盖“银行收讫”印章；

③ 根据借款合同和借款凭证（回单）；编制银行收款凭证［附件2张：借款合同、借款凭证（回单）］；

中国交通银行借款合同

合同编号：2016年7月4日　　字第2652号

借款人：太原欣贸有限公司

住所(地址)：太原市小店区北园路16号

法定代表人：李胜利　贷款人：交通银行太原城南支行

住所(地址)：太原市小店区北园路10号　　法定代表人(负责人)：刘大海

签订时间：2016年7月4日

签订地点：太原市小店区北园路10号

借款人因生产需要向贷款人申请人民币贷款五十万元整，期限为壹年(2016年7月6日—2017年7月6日)。根据我国有关法律规定，经双方当事人平等协商，自愿签订本贷款合同(以下简称“本合同”)。

第一条　定义与解释

1.1　在本合同中，下列术语具有如下含义：

1.1.1　“银行营业日”指贷款人所在地法定工作日。

1.1.2　“结息日”指每季最后一个月的最后一日。

1.1.3　“借款人”指依据本合同借用贷款的人，包括其继承人、受让人。

1.1.4　“贷款人”指依据本合同发放、管理贷款的银行，包括经办贷款和实施账户监管的银行。

1.1.5　“提款期”指借款人依据本合同第6.1条提取贷款的期间，包括推迟提款的期间。

1.1.6　“还款期”指借款人依据本合同第6.7条归还贷款的期间，包括贷款展期的期间。

1.1.7　“宽限期”指允许借款人迟延履行义务而不视为违约的期间。

下略

图 4-17

交通银行（质押贷款）**借款凭证**（入账通知）　**23**

单位编号：398　　借款日期：2016年7月6日　　编号：0589

收款单位			借款单位		
	名称	太原欣贸有限公司		名称	太原欣贸有限公
	往来户账号	697368		放款户账号	89640042
	开户银行	交通银行太原城南支行		开户银行	交通银行太原城南支行

借款金额	伍拾万元整	百	十	万	千	百	十	元	角	分
		¥	5	0	0	0	0	0	0	0

借款原因及用途	资金周转	借款利率	6%

借款期限				
期次	计划还款日期	√	计划还款金额	你单位上列借款，已转入你单位结算户内。借款到期时由我行按期自你单位结算户转还。此致 借款单位 （银行盖章） 交通银行 太原城南支行 2016.7.6 业务受理章
1				
2				
3				
备注：				

此联由银行退借款单位作入账通知

图 4-18

④ 根据银行收款凭证登记银行存款日记账。

小常识

贷款卡（图 4-19 和图 4-20）是中国人民银行发给注册地借款人的磁条卡，是借款人凭以向金融机构申请办理信贷业务资格证明。

图 4-19

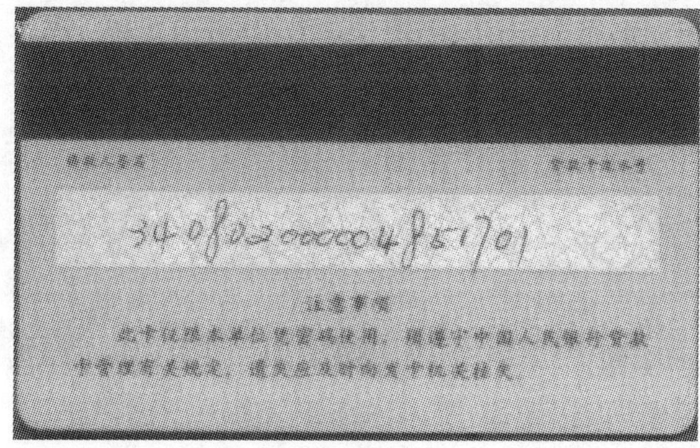

图 4-20

业务 9 报销差旅费

7 月 10 日，设计科王利华从北京出差回来，填制出差费用报销单并经领导签字后到财务科报销差旅费 2914 元，退回借款余款 86 元。

（说明：公司规定出差期间每人每天补助 120 元）

出纳员按下列步骤完成工作：

① 审核出差费用报销单（图 4-21）和差旅费报销单相关内容及所附原始凭证（图 4-22～图 4-25）；

太原欣贸有限公司 费用报销单

购物（或业务往来）日期：2016 年 7 月 20 日				背面附原始凭证 2 张	
内	容	发 票 号	单 价	数 量	金 额
1	出差报销				2914
2					
3					
备注：					
实报金额（大写） 贰仟玖佰壹拾肆元整			￥ 2914		
审批 李胜利	会计主管 张立秋	出纳		经手人	王利华

图 4-21

太原欣贸有限公司 出差费用报销单

出差事由	赴北京出差开会			填报日期：2016 年 7 月 10 日							
月日	起止时间	起讫地点	车船费		途中补贴			误餐补贴	住宿费	市内交通费	其它
			车次	金额	金额	天数	金额	金额			
7、2	午 时 分 午 时 分	太原至北京		197		6	1800	600			
7、7	午 时 分 午 时 分	北京至太原		197							
	午 时 分 午 时 分	至									
	午 时 分 午 时 分	至									
支 出 小 计				394		6	1800	600			

图 4-22

F066142
太原南售
01车001号
2016年7月2日17：00开
二等座
太原南 G123 次 北京西
TaiYuanNan BeiJingXi
￥197.00 元
限当日当次车

图 4-23

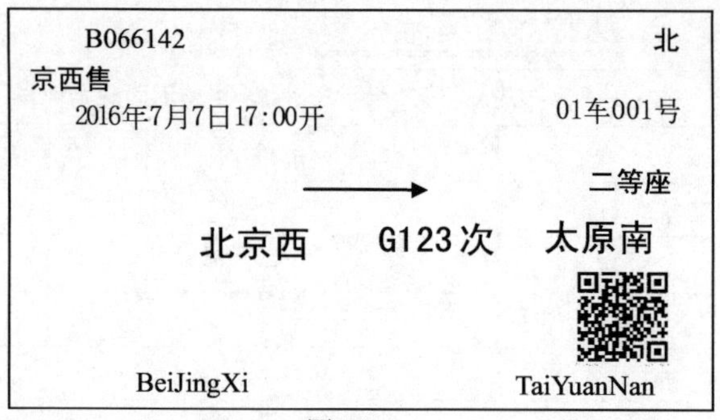

B066142 北

京西售

2016年7月7日17:00开 01车001号

二等座

北京西 G123次 太原南

BeiJingXi TaiYuanNan

图 4-24

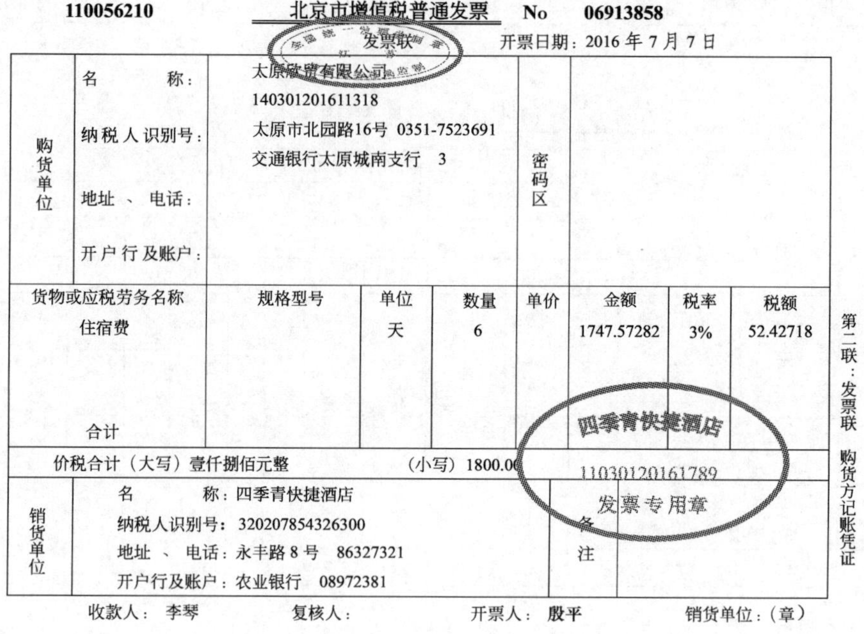

110056210 北京市增值税普通发票 No 06913858

发票联

开票日期：2016 年 7 月 7 日

购货单位	名称：太原欣贸有限公司 纳税人识别号：140301201611318 地址、电话：太原市北园路16号 0351-7523691 开户行及账户：交通银行太原城南支行 3	密码区	

货物或应税劳务名称	规格型号	单位	数量	单价	金额	税率	税额
住宿费		天	6		1747.57282	3%	52.42718
合计							
价税合计（大写）壹仟捌佰元整				（小写）1800.00			

销货单位	名称：四季青快捷酒店 纳税人识别号：320207854326300 地址、电话：永丰路 8 号 86327321 开户行及账户：农业银行 08972381	备注	四季青快捷酒店 110301201617894 发票专用章

收款人：李琴 复核人： 开票人：殷平 销货单位：（章）

第二联：发票联 购货方记账凭证

图 4-25

收 据

年 月 日 字 No 0000623

今收到 ____________________

交 来 ____________________

人民币（大写）____________________ ￥ ________

收款单位

公 章

第三联 记账凭证

收款人 [ ] 交款人 [ ]

图 4-26

② 清点退回的现金余款并开具收据一式三联（图 4-26）；

③ 由会计在收据上盖章后将第二联交给王利华；

④ 将退回的现金锁进保险柜；

⑤ 在费用报销单（图 4-21）上签名；

⑥ 编制现金收款凭证（附件 5 张：费用报销单、火车票、住宿费发票、收据第三联）；

⑦ 据现金收款凭证登记现金日记账。

> **小常识**
>
> 员工报销时，要先填写差旅费报销单据，并按规定办理相关的审核、审批手续，最后交由出纳审核付款。

业务 10 托收货款收回

7 月 10 日，接到开户银行电话通知，5 日向外地慧达职业技术学校销售学生公寓床上用品托收款已到账。

托 收 凭证（收账通知）1 托收号码：62589

委托日期 2016 年 07 月 05 日

付款人	全　称	慧达职业技术学校	收款人	全　称	太原欣贸有限公司
	账号或住址	85867936532		账　号	62824020009876125
	开户银行	兴业银行兴城 支行		开户银行	交通银行太原城南支行
托收金额	人民币（大写）	贰拾叁万肆仟元整		千百十万千百十元角分	¥23400000
附件		商品发运情况		合同名称号码	
附寄单证张数或册数	2	自行负担运输		购销 05029	
备注：		款项收妥日期 年　月　日		收款人开户银行盖章　月　日	

（印章：交通银行 太原城南支行 2016.07.10 转讫）

图 4-27

出纳员按下列步骤完成工作：

① 到开户银行取回托收凭证收账通知联（图 4-27），在托收登记簿进行核销登记 7 月 5 日办理的托收时的记录（图 4-12）；

② 与 7 月 5 日办理的托收时银行的回单联（图 4-11）进行核对，在托收凭证收账通知联（图 4-27）加盖“银行收讫”印章；

③ 根据托收凭证收账通知联和回单联编制银行收款凭证（附件 2 张：托收凭证收账通知联和回单联）；

④ 根据银行收款凭证登记银行存款日记账。

> **小常识**
>
> 注意做好托收货款的相关台账记录。

业务 11 收到货款 1

7 月 15 日，从银行取得临汾新华第一学校信汇凭证一张 4000 元，是支付前欠货款。

出纳员按下列步骤完成工作：

① 审核信汇凭证收账通知联（图 4-28）；

中国工商银行信汇凭证(收款通知)

汇款单位编号： 委托日期：2016 年月 6 月 30 日 第003425号

<table>
<tr><td rowspan="3">汇款人</td><td>全称</td><td colspan="3">新华第一学校</td><td rowspan="3">收款人</td><td>全称</td><td colspan="3">太原欣贸有限公司</td><td rowspan="5">此联是给收款单位的收账通知</td></tr>
<tr><td>账号或住址</td><td colspan="3">180376359264321</td><td>账号或住址</td><td colspan="3">62824020009876125</td></tr>
<tr><td>汇出地点</td><td>山西省临汾市</td><td>汇出行名称</td><td>工行临汾柳南支行</td><td>汇入地点</td><td>山西省太原市</td><td>汇入行名称</td><td>交行城南支行</td></tr>
<tr><td>金额</td><td>人民币(大写)</td><td colspan="3">肆仟元整</td><td colspan="5">千 百 十 万 千 百 十 元 角 分
¥ 4 0 0 0 0 0</td></tr>
<tr><td colspan="5">汇款用途：
支付前欠货款</td><td colspan="5">交通银行 太原城南支行 2016.07.10 转讫
汇入银行签章</td></tr>
</table>

图 4-28

② 在审核无误的信汇凭证收账通知上加盖“银行收讫”印章；

③ 根据信汇凭证收账通知联编制银行收款凭证（附件 1 张：信汇凭证收账通知联）；

④ 根据银行收款凭证登记银行存款日记账。

小常识

注意做好收回货款的相关台账记录。

业务 12　报销电话费

员工报销电话费 259.79 元，以现金支付。

出纳员按下列步骤完成工作：

① 审核费用报销单（图 4-29）及发票（图 4-30）；

太原欣贸有限公司　费用报销单

购物（或业务往来）日期：2016 年 7 月 20 日					背面附原始凭证 2 张	
内	容	发票号	单价	数量	金额	
1	电话费				259.79	
2						
3						
备注：						
实报金额（大写）贰佰伍拾玖元柒角玖分				￥ 259.79		
审批	李胜利	会计主管	张立秋	出纳		经手人 李胜利

图 4-29

② 审核无误后从保险柜中取出现金点数复核后，交付李胜利；

③ 在费用报销单相应位置签名，加盖“现金付讫”印章；

④ 根据借款单和现金支出凭单编制现金付款凭证（附件 2 张：费用报销单和发票）；

⑤ 根据现金付款凭证及时登记现金日记账。

小常识

按规定电信发票需网上打印。

机械编号：499099444466

山西增值税电子普通发票

发票代码：014001600111
发票号码：04364398
开票日期：2017年04月13日
校 验 码：17989 67869 01525 20879

购买方	名称：董永慧 纳税人识别号： 地址、电话： 开户行及账号：	密码区	030*522>3517639326/740>0*7+* **7**803920*522>35176393<*0+ 260*522>351763932604+*>3−+29 >+>43/0<1+018>02195<95+3−<6−

货物或应税劳务、服务名称	规格型号	单位	数量	单价	金额	税率	税额
通信费					259.79	*	*
合计					259.79		*
价税合计（大写）	贰佰伍拾玖元柒角玖分				（小写）		259.79

销售方	名称：中国联合网络通信有限公司太原市分公司 纳税人识别号：911400007281838154 地址、电话：太原市迎泽大街213号，0351-4060502 开户行及账号：	备注	业务号码18636832057；账期201703

收款人： 复核： 开票人：Z000DZQD 销售方：（章）

图 4-30

业务 13 收到货款 2

7 月 17 日，从银行取得进账单一张 88000 元，是上月销售丽源快捷酒店公寓用被装床上用品货款。

出纳员按下列步骤完成工作：

① 在银行窗口接到传递的进账单收账通知第 3 联，当面审核（图 4-31）；

② 将审核无误的进账单拿回单位，在收账通知第 3 联上加盖“银行收讫”印章；

③ 根据进账单收账通知第 3 联编制银行收款凭证（附件 1 张：进账单收账通知第 3 联）；

④ 根据银行收款凭证登记银行存款日记账。

> **小常识**
>
> 收到进账单收账通知第 3 联意味款项银行已入公司账户。

中国工商银行**进账单**（收账通知）

2016 年 7 月 15 日

<table>
<tr><td rowspan="3">收款人</td><td>全　称</td><td>太原欣贸有限公司</td><td rowspan="3">付款人</td><td>全　称</td><td colspan="10">丽源快捷酒店</td></tr>
<tr><td>账号或地址</td><td>6282402009876125</td><td>账号或地址</td><td colspan="10">62202874567321</td></tr>
<tr><td>开户银行</td><td>交行太原城南支行</td><td>开户银行</td><td colspan="10">工行并州路支行</td></tr>
<tr><td colspan="5" rowspan="2">人民币（大写）：捌万捌仟元整</td><td>千</td><td>百</td><td>十</td><td>万</td><td>千</td><td>百</td><td>十</td><td>元</td><td>角</td><td>分</td></tr>
<tr><td></td><td></td><td>¥</td><td>8</td><td>8</td><td>0</td><td>0</td><td>0</td><td>0</td><td>0</td></tr>
<tr><td colspan="2">票据种类</td><td colspan="2">转账支票
34652009</td><td colspan="11">收款人开户银行盖章：交通银行 太原城南支行 2016.07.17 转讫</td></tr>
</table>

图 4-31

业务 14　购买劳保用品

7 月 20 日从星星食品有限公司购进职工夏季防暑降温劳保用品，共计 24200 元，以转账支票付款（采用倒送支票方式结算货款）。

（山西星星食品有限公司账号：622816573459092，开户银行：工行并州路支行）

出纳员按下列步骤完成工作：

① 根据费用报销单（图 4-32）审核发票金额（图 4-33 和图 4-34），在支票使用簿内登记相关内容（图 4-35），签发转账支票正（图 4-36）反（图 4-37）面有关内容及填制进账单一式三联（图 4-38）；

太原欣贸有限公司　费用报销单

<table>
<tr><td colspan="4">购物（或业务往来）日期：2016 年　7 月　20 日</td><td colspan="4">背面附原始凭证　2 张</td></tr>
<tr><td colspan="2">内　　容</td><td colspan="2">发票号</td><td colspan="2">单价</td><td>数量</td><td>金额</td></tr>
<tr><td>1</td><td>夏季防暑福利</td><td colspan="2"></td><td colspan="2"></td><td></td><td></td></tr>
<tr><td>2</td><td></td><td colspan="2"></td><td colspan="2"></td><td></td><td></td></tr>
<tr><td>3</td><td></td><td colspan="2"></td><td colspan="2"></td><td></td><td></td></tr>
<tr><td colspan="8">备注：</td></tr>
<tr><td colspan="8">实报金额（大写）　　　　　　　¥________</td></tr>
<tr><td>审批</td><td>李胜利</td><td>会计主管</td><td>张立秋</td><td>稽核</td><td></td><td>经手人</td><td></td></tr>
</table>

图 4-32

山西省地方税务局通用机打发票

发票联 发票代码 21402131488

发票号码 01880271

日期：2016 年7月12日　　行业分类：

防伪码：05214746312320696519

机打代码	21402131488	机打号码	01880271	
付款单位名称	太原欣贸有限公司			
项　目	单位　单价	数量	金额	
茶 叶 等			24200	备注：
合　计	（大写）贰万肆仟贰佰元整		￥24200.00	
收款方（章）	山西星星食品有限公司	纳税人识别号		14012258120412- X

开票人 李明　　收款人：李明

图 4-33

办公用品验收单

发票号码：2873

供应商：山西星星食品有限公司　　2016 年7月20号

名称	单位	数量	单价	金额									备注
				百	十	万	千	百	十	元	角	分	
白糖	袋	200	10.00				2	0	0	0	0	0	
茶叶	桶	200	100.00			2	0	0	0	0	0	0	
绿豆	斤	200	5				1	0	0	0	0	0	
花露水	瓶	100	12				1	2	0	0	0	0	
合计					￥	2	4	2	0	0	0	0	

附件　张

主管　　会计　　质检员　　保管员　　经手人

图 4-34

太原欣贸有限公司支票（现金、转账）使用登记簿

部门	支票号码	领用人	领用日期	用途	对方单位	金额

图 4-35

交通银行
转账支票存根
30136758
33585057
附加信息

出票日期　年　月　日

收款人：
金额：
用途：
单位主管　会计

交通银行转账支票　30136758
33585057

出票日期（大写）　年　月　日　付款行名称：
收款人：　出票人账号：

人民币（大写）	千	百	十	万	千	百	十	元	角	分

付款期限自出票之日起十

用途　密码
上列款项请从　行号
我账户内支付
出票人签章
复核　记账

图 4-36

附加信息	被背书人	被背书人
	背书人签章 年　月　日	背书人签章 年　月　日

（贴粘单处）

根据《中华人民共和国票据法》等法律法规的规定，签发空头支票由中国人民银行处以票面金额5%但不低于1000元的罚款。

图 4-37

② 交会计主管和法人分别加盖财务专用章和法人印章预留银行印鉴（正反面均加盖）；

③ 审核无误后，将转账支票的存根剪下留存，带其正本和进账单一式三联到开户银行办理付款；

④ 银行柜员在审核后留下审核无误的支票正本及进账单二联、三联，退回进账单联回单（图 4-38）；

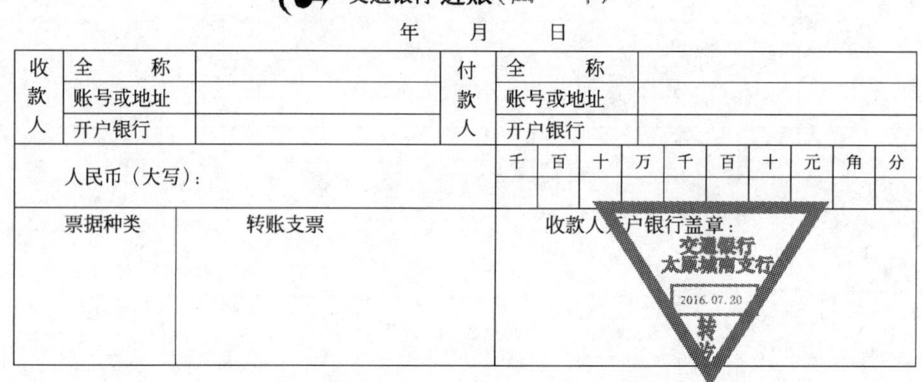

交通银行 进账（回　单）

年　月　日

收款人	全　称		付款人	全　称										
	账号或地址			账号或地址										
	开户银行			开户银行										
人民币（大写）：				千	百	十	万	千	百	十	元	角	分	
票据种类	转账支票			收款人开户银行盖章：										

图 4-38

⑤ 返回单位，在费用报销单（图 4-32）上签名，并加盖“银行付讫”印章；

⑥ 根据支票存根、进账单回单编制银行付款凭证（附件 5 张：费用报销单、现金支票存根、进账单回单、发票、验收单）；

⑦ 根据银行付款凭证登记银行存款日记账。

小常识

由付款方签发支票并到银行办理付款事项，俗称“倒送支票”。

业务 15　订阅报刊

7 月 22 日，经理办公室主任王维亚持报刊费收据，报销下半年订报费用 885 元，出纳签发转账支票支付。

（太原市平阳邮政支局账号：6228165734845236，开户银行：工行平阳路支行）

出纳员按下列步骤完成工作：

① 根据费用报销单（图 4-39）审核邮局订报发票金额（图 4-40），在支票使用簿内登记相关内容（图 4-41）；

太原欣贸有限公司 费用报销单

购物（或业务往来）日期：2016 年 7 月 20 日				背面附原始凭证 2 张	
内 容		发票号	单价	数量	金额
1	下半年报刊费				885
2					
3					
备注：					
实报金额（大写）捌佰捌拾伍元整		￥ 885			
审批 李胜利	会计主管 张立秋	稽核		经手人 王维亚	

图 4-39

发011

中国邮政报刊费收据

户 名：太原欣贸有限公司　　日期：2016 年度

地 址：　　NO：0033020

查询号：3202070000040418　　收订局：太原市平阳邮政支局

序号	报刊代号	报刊名称	起止订期	份数	定价	款额	备注
1.	1-16	山西日报	1607-12.31	1	24.00	288.00	
2.	1-41	太原日报	1607-12.31	1	25.00	300.00	
3.	1-68	经济日报	1607-12.31	1	24.75	297.00	
共计款额（大写）捌佰捌拾伍元整						￥ 885.00	

营业员：李平

订户注意：1.请核对填制内容是否正确；是否加盖章戳。

2.如有查询、退订、改址等事项，请交验此收据。

3.报刊名称前带*表示不可退订。

图 4-40

太原欣贸有限公司支票（现金、转账）使用登记簿

部门	支票号码	领用人	领用日期	用途	对方单位	金额

图 4-41

② 签发转账支票正面有关内容（图 4-42）；

交通银行
转账支票存根
30136758
33585058
附加信息
出票日期　年　月　日
收款人：
金额：
用途：
单位主管　会计

付款期限自出票之日起十

交通银行转账支票　30136758
33585058
出票日期（大写）　年　月　日　付款行名称：
收款人：　出票人账号：

人民币（大写）	千	百	十	万	千	百	十	元	角	分

用途　密码
上列款项请从　行号
我账户内支付
出票人签章
复核　记账

图 4-42

③ 交会计主管和法人分别加盖财务专用章和法人印章预留银行印鉴；

④ 使用密码器操作，生成支付密码，并将支付密码填入现金支票密码区域（假设支付密码器生成的支付密码为 874357682）；

⑤ 审核无误后，将转账支票的存根剪下留存，将其正联（图 4-42 支票联）交王维亚送邮局；

⑥ 在费用报销单上签名（图 4-39）并加盖“银行付讫”印章；

⑦ 根据支票存根及邮局发票编制银行付款凭证（附件 2 张：支票存根、报刊费发票）；

⑧ 根据银行付款凭证登记银行存款日记账。

小常识

由付款方签发支票交收款方到银行办理付款事项，俗称“正送支票”。

业务 16　支付水费

7 月 23 日取得自来水总公司自来水费发票，签发转账支票支付本月水费 7101 元。

出纳员按下列步骤完成工作：

① 根据费用报销单（图 4-43）审核自来水发票金额（图 4-44），在支票使用簿内登记相关内容（图 4-45），签发转账支票正（图 4-46）反（图 4-47）面有关内容及填制进账单一式三联（图 4-48）；

太原欣贸有限公司　费用报销单

购物（或业务往来）日期：2016 年 7 月 20 日					背面附原始凭证　2 张	
内	容	发票号	单价	数量	金额	
1	水费				7101	
2						
3						
备注：						
实报金额（大写）柒仟壹佰零壹元整			¥7101			
审批	李胜利	会计主管	张立秋	稽核	经手人	刘丹

图 4-43

缴　费　通　知　书

缴费日期: 2016年6月20日至2016年7月20日　　NO 000583

收款单位名称	太原市自来水公司		收费电话	3094444									
缴费单位名称	太原市欣贸有限公司		联系电话	7329777									
			联系人	李大军									
收费项目名称	计量数量(吨)	收费标准(元/吨)	金额										
			千	百	十	万	千	百	十	元	角	分	
水资源费	900	6.21元/立方米					5	5	8	9	0	0	
污水处理费	900	1.68元/立方米					1	5	1	2	0	0	
合　计						¥	7	1	0	1	0	0	
人民币(大写):	仟　佰　拾　万柒仟壹佰零拾壹元零角零分												
经办人：	王新建	签收人：张金丽	开票日期：2016 年 7月20日										

第二联　用水单位留存

图 4-44

太原欣贸有限公司支票（现金、转账）使用登记簿

部门	支票号码	领用人	领用日期	用途	对方单位	金额

图 4-45

交通银行 转账支票存根 30136758 33585059	交通银行转账支票	30136758 33585059
附加信息	出票日期（大写） 年 月 日	付款行名称：
出票日期 年 月 日	收款人：	出票人账号：
收款人：	人民币（大写）	亿 千 百 十 万 千 百 十 元 角 分
金额：	用途 上列款项请从 我账户内支付 出票人签章	密码 行号
用途：	付款期限自出票之日起十	复核 记账
单位主管 会计		

图 4-46

附加信息	被背书人	被背书人	（贴粘单处）	根据《中华人民共和国票据法》等法律法规的规定，签发空头支票由中国人民银行处以票面金额5%但不低于1000元的罚款。
	背书人签章 年 月 日	背书人签章 年 月 日		

图 4-47

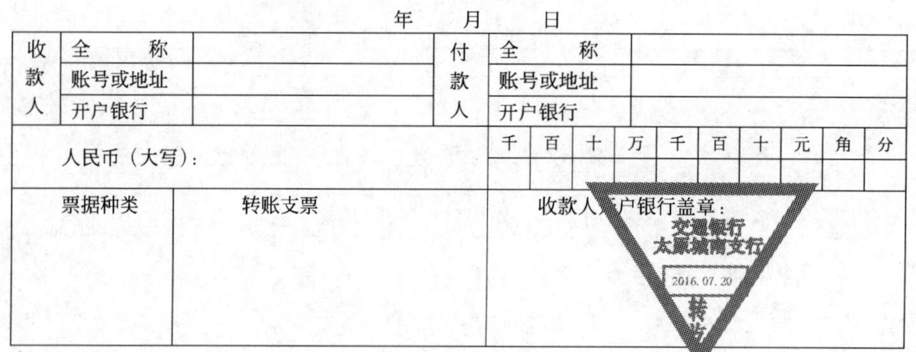

交通银行 进账（回 单）

年 月 日

收款人	全 称		付款人	全 称	
	账号或地址			账号或地址	
	开户银行			开户银行	
人民币（大写）：				千 百 十 万 千 百 十 元 角 分	
票据种类	转账支票		收款人开户银行盖章：		

图 4-48

② 转账支票交会计主管和法人分别加盖财务专用章和法人印章预留银行印鉴（正反面均加盖）；

③ 使用密码器操作，生成支付密码，并将支付密码填入现金支票密码区域（假设支付密码器生成的支付密码为 87467846）；

④ 审核无误后，将转账支票的存根剪下留存，带其正本和进账单一式三联到开户银行办理付款；

⑤ 银行柜员在审核后，留下审核无误的支票正本及进账单二联、三联，退回进账单联回单（图 4-48）；

⑥ 返回单位，在费用报销单（图 4-43）相应位置签名并加盖“银行付讫”印章；

⑦ 根据支票存根、进账单回单编制银行付款凭证（附件 4 张：费用报销单、现金支票存根、进账单回单、发票）；

⑧ 根据银行付款凭证登记银行存款日记账。

> **小常识**
>
> “倒送支票”时正反面均要盖章。

业务 17　报销培训费

7 月 24 日会计魏东宇外出学习，持领导签字报销培训费 1800 元，以现金报销。

出纳员按下列步骤完成工作：

① 审核费用报销单（图 4-49）及发票（图 4-50）；

太原欣贸有限公司　费用报销单

<table>
<tr><td colspan="4">购物（或业务往来）日期：2016 年　7 月　20 日</td><td colspan="4">背面附原始凭证　1 张</td></tr>
<tr><td colspan="2">内　　容</td><td colspan="2">发票号</td><td>单价</td><td>数量</td><td colspan="2">金额</td></tr>
<tr><td>1</td><td>培训费</td><td colspan="2"></td><td></td><td></td><td colspan="2">1800</td></tr>
<tr><td>2</td><td></td><td colspan="2"></td><td></td><td></td><td colspan="2"></td></tr>
<tr><td>3</td><td></td><td colspan="2"></td><td></td><td></td><td colspan="2"></td></tr>
<tr><td colspan="8">备注：</td></tr>
<tr><td colspan="8">实报金额（大写）壹仟捌佰元整　　　¥1800</td></tr>
<tr><td>审批</td><td>李胜利</td><td>会计主管</td><td>张立秋</td><td>出纳</td><td></td><td>经手人</td><td>魏东宇</td></tr>
</table>

图 4-49

山西省2017年社会力量办学收费票据

缴费单位　太原欣贸有限公司　　2017年7月15日　　缴款方式：支票

No.006292

项目编号	项目名称　计费单位	计费数量	收费标准	金　额
	会议培训费			2600.00
合计	（小写）¥2600.00			
金额合计	贰仟 陆佰 零拾 零元零角 零分			
备注				

第二联　收据

收费单位（公审）：　　主管：　　收款人（盖章）：孙明

（印章：太原新为会计培训学校）

图 4-50

② 审核无误后，从保险柜中取出现金 1800 元，点数复核后交付魏东宇；

③ 在费用报销单相应位置签名，加盖“现金付讫”印章；

④ 根据借款单和现金支出凭单编制现金付款凭证（附件 2 张：费用报销单、发票）；

⑤ 根据现金付款凭证及时登记现金日记账。

温馨提示

养成良好职业习惯，做到“日事日毕，日清日高”。

业务 18　发放工资

7 月 25 日签发支票发放工资 110000 元。

出纳员按下列步骤完成工作：

① 审核工资结算汇总表（图 4-51）；

② 根据审核无误的工资汇总表填制费用报销单（图 4-52）；

工资结算汇总表

2016 年 7 月

<table>
<tr><th colspan="2" rowspan="2">车间、部门
名　　称</th><th rowspan="2">标准
工资</th><th rowspan="2">奖金</th><th rowspan="2">加班
工资</th><th rowspan="2">津贴
补贴</th><th rowspan="2">应付
工资</th><th colspan="3">代扣款项</th><th rowspan="2">实发工资</th></tr>
<tr><th>医疗
保险</th><th>养老
金</th><th>公积
金</th></tr>
<tr><td rowspan="2">第一
车间</td><td>生产工人</td><td>19000</td><td>5000</td><td>2100</td><td>3500</td><td>29600</td><td>700</td><td>2900</td><td>2600</td><td>23400</td></tr>
<tr><td>管理人员</td><td>11000</td><td>3500</td><td></td><td>2400</td><td>16900</td><td>600</td><td>3000</td><td>2700</td><td>10600</td></tr>
<tr><td rowspan="2">第二
车间</td><td>生产工人</td><td>16000</td><td>2600</td><td>2500</td><td>4300</td><td>25400</td><td>500</td><td>2700</td><td>2300</td><td>19900</td></tr>
<tr><td>管理人员</td><td>10700</td><td>2100</td><td></td><td>3200</td><td>16000</td><td>700</td><td>3600</td><td>3400</td><td>8300</td></tr>
<tr><td colspan="2">辅助生产车间</td><td>13000</td><td>5300</td><td>1500</td><td>1300</td><td>21100</td><td>300</td><td>1900</td><td>1500</td><td>17400</td></tr>
<tr><td colspan="2">厂部管理人员</td><td>14000</td><td>6300</td><td></td><td></td><td>24500</td><td>450</td><td>3700</td><td>3200</td><td>17150</td></tr>
<tr><td colspan="2">医务部门</td><td>5300</td><td>2400</td><td></td><td>1000</td><td>8700</td><td>200</td><td>1400</td><td>1200</td><td>5900</td></tr>
<tr><td colspan="2">工程人员</td><td>5500</td><td>2800</td><td></td><td>1200</td><td>9500</td><td>150</td><td>1100</td><td>900</td><td>7350</td></tr>
<tr><td colspan="2">合　计</td><td>94500</td><td>3000</td><td>6100</td><td>21100</td><td>15170</td><td>3600</td><td>2030</td><td>1780</td><td>11000</td></tr>
</table>

（说明：该表中应有每个职工姓名领取工资的详细情况，在此模拟省略）

图 4-51

太原欣贸有限公司　费用报销单

<table>
<tr><td colspan="3">购物（或业务往来）日期：2016 年　7 月　20 日</td><td colspan="5">背面附原始凭证　2 张</td></tr>
<tr><td colspan="3">内　　　　容</td><td>发 票 号</td><td colspan="2">单 价</td><td>数 量</td><td>金 额</td></tr>
<tr><td>1</td><td colspan="2">发放7月工资</td><td></td><td colspan="2"></td><td></td><td>110000</td></tr>
<tr><td>2</td><td colspan="2"></td><td></td><td colspan="2"></td><td></td><td></td></tr>
<tr><td>3</td><td colspan="2"></td><td></td><td colspan="2"></td><td></td><td></td></tr>
<tr><td colspan="8">备注：</td></tr>
<tr><td colspan="8">实报金额（大写）壹拾壹万元整　　　　￥110000</td></tr>
<tr><td>审批</td><td>李胜利</td><td>会计主管</td><td>张立秋</td><td>出纳</td><td></td><td>经手人</td><td>魏红</td></tr>
</table>

图 4-52

③ 在支票使用簿内登记相关内容（图 4-53），签发转账支票正（图 4-54）反（图 4-55）面有关内容及填制进账单一式三联（图 4-56）；

④ 支票交会计主管和法人分别加盖财务专用章和法人印章预留银行印鉴（正反面均加盖）；

⑤ 使用密码器操作，生成支付密码，并将支付密码填入现金支票密码区域（假设支付密码器生成的支付密码为 5643890）；

太原欣贸有限公司支票（现金、转账）使用登记簿

部门	支票号码	领用人	领用日期	用途	对方单位	金额

图 4-53

交通银行
转账支票存根
30136758
33585060
附加信息
出票日期 年 月 日
收款人：
金额：
用途：
单位主管 会计

交通银行转账支票 30136758
3358560
出票日期（大写） 年 月 日 付款行名称：
收款人： 出票人账号：

人民币（大写）	亿	千	百	十	万	千	百	十	元	角	分

付款期限自出票之日起十
用途 密码
上列款项请从 行号
我账户内支付
出票人签章
复核 记账

图 4-54

附加信息	被背书人	被背书人
	背书人签章 年 月 日	背书人签章 年 月 日

（贴粘单处）

根据《中华人民共和国票据法》等法律法规的规定，签发空头支票由中国人民银行处以票面金额5%但不低于1000元的罚款。

图 4-55

⑥ 审核无误后将转账支票的存根剪下留存，同时向银行上传个人账号及发放金额信息（模拟无此操作），带其正本和进账单一式三联到开户

银行办理付款；

⑦ 银行柜员在审核后留下审核无误的支票正本及进账单二联、三联，退回进账单联回单（图 4-56）；

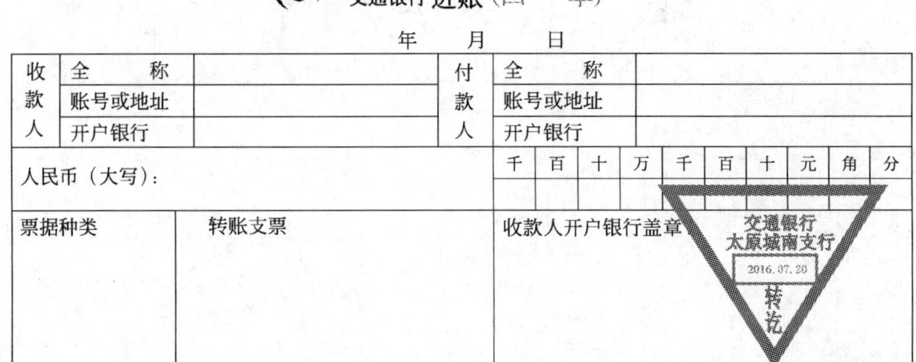

交通银行 进账（回 单）

年 月 日

收款人	全称		付款人	全称										
	账号或地址			账号或地址										
	开户银行			开户银行										
人民币（大写）：				千	百	十	万	千	百	十	元	角	分	
票据种类	转账支票			收款人开户银行盖章										

图 4-56

⑧ 返回单位，在费用报销单（图 4-52）相应位置签名并加盖“银行付讫”印章；

⑨ 根据支票存根、进账单回单编制银行付款凭证（附件 4 张：费用报销单、转账支票存根、进账单回单、工资汇总发放表）；

⑩ 根据银行付款凭证登记银行存款日记账。

小常识

开户银行按照代发工资协议约定和出纳提供的代发工资清单，按时将应发给员工的工资足额转入员工个人账户，并向公司收取一定的手续费。

业务 19　提现

7 月 25 日，签发现金支票一张，到银行提取现金 5000 元备用金。

出纳员按下列步骤完成工作：

① 在支票使用簿内登记相关内容（图 4-57），签发现金支票正（图 4-58）反（图 4-59）面有关内容；

② 交会计主管和法人分别加盖财务专用章和法人印章预留银行印鉴（正反面均加盖）；

③ 使用密码器操作，生成支付密码，并将支付密码填入现金支票密

码区域（假设支付密码器生成的支付密码为 2154367）；

太原欣贸有限公司支票（现金、转账）使用登记簿

部门	支票号码	领用人	领用日期	用途	对方单位	金额

图 4-57

交通银行
现金支票存根
30103720
07366357
附加信息

出票日期　年　月　日

收款人：
金额：
用途：

单位主管　会计

本支票付款期限十天

交通银行 现金支票　30136758 07366357

出票日期（大写）　年　月　日　付款行名称：
收款人：　出票人账号：

人民币（大写）		十	万	千	百	十	元	角	分

用途＿＿＿＿＿＿　密码＿＿＿＿＿＿
上列款项请从
我账户内支付
出票人签章　复核　记账

图 4-58

附加信息

收款人签章

身份证件名称　发证机关　年　月　日

号码

图 4-59

④ 审核无误后，将现金支票的存根剪下留存，带其正本到开户银行提取现金；

⑤ 从银行提回现金放入保险柜，在审核无误的现金支票存根上加盖“银行付讫”；

⑥ 根据现金支票存根编制银行付款凭证（附件 1 张：现金支票存根）；

⑦ 根据银行付款凭证登记现金、银行存款日记账。

温馨提示

携带提取的现金一定要注意安全，数额较大时可叫同伴一同前往，以保证财产安全。

业务 20 支付劳务费

7 月 25 日，厂部报送外聘人员牛小燕个人劳务费发放表 4500 元，以现金发放。

出纳员按下列步骤完成工作：

① 审核费用报销单（图 4-60）及发放表（图 4-61）；

<table>
<tr><th colspan="8">太原欣贸有限公司　费用报销单</th></tr>
<tr><td colspan="4">购物（或业务往来）日期：2016 年　7 月　25 日</td><td colspan="4">背面附原始凭证　1 张</td></tr>
<tr><td colspan="2">内　　容</td><td colspan="2">发票号</td><td>单价</td><td colspan="2">数量</td><td>金额</td></tr>
<tr><td>1</td><td>7月劳务费</td><td colspan="2"></td><td></td><td colspan="2"></td><td>4500</td></tr>
<tr><td>2</td><td></td><td colspan="2"></td><td></td><td colspan="2"></td><td></td></tr>
<tr><td>3</td><td></td><td colspan="2"></td><td></td><td colspan="2"></td><td></td></tr>
<tr><td colspan="8">备注：根据所签劳务合同工资标准发放</td></tr>
<tr><td colspan="8">实报金额（大写）肆仟伍佰元整　　　　¥ 4500</td></tr>
<tr><td>审批</td><td>李胜利</td><td>会计主管</td><td>张立秋</td><td>出纳</td><td></td><td>经手人</td><td>刘丹</td></tr>
</table>

图 4-60

② 审核无误后，从保险柜中取出现金 4500 元，点数复核后交付牛小燕；

③ 在费用报销单相应位置签名加盖“现金付讫”印章；

④ 根据借款单和现金支出凭单编制现金付款凭证（附件 2 张：费用报销单、发放表）；

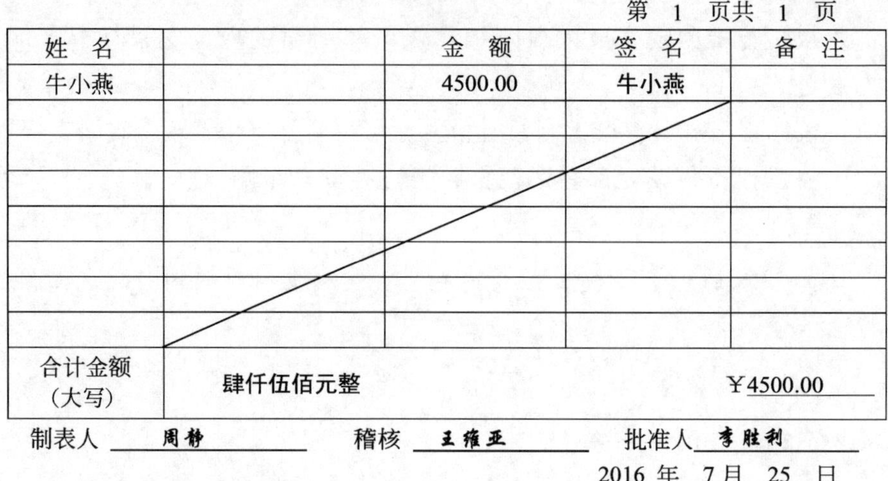

发放清单

第 1 页共 1 页

姓 名		金 额	签 名	备 注
牛小燕		4500.00	牛小燕	
合计金额（大写）	肆仟伍佰元整			￥4500.00

制表人 周静　　稽核 王维亚　　批准人 李胜利

2016 年 7月 25 日

图 4-61

⑤ 根据现金付款凭证及时登记现金日记账。

业务 21 支票作废

7 月 25 日，办公室主任王维亚持已签发支付报刊费 885 元的转账支票（业务 15），由于所盖印鉴不清晰，银行拒绝接收划款。

出纳员按下列步骤完成工作：

① 仔细审核查看所退支票正联，确认后将印鉴不清晰的支票加盖“作废”章；

② 在支票登记簿内对本张支票备注作废；

③ 重新开具一张与原用途内容完全相同的转账支票（具体操作步骤同业务 15 流程）；

④ 将新支票存根与原支票存根替换（已做入账附件）；

⑤ 将作废的支票存根联和正联粘贴在一起，与未用的支票一起保管，由公司统一处理。

小常识

无论是现金支票还是转账支票，出现填写或盖章有误，只能作废，重新开具一张，同时将有误支票备注并妥善保管。

业务 22 销售废品取得收入

7 月 26 日，生产车间清理废旧物品，将不能继续使用的各类废品交由回收站处理，王媛将现金 950 元交回财务部。

出纳员按下列步骤完成工作：

① 查看证明（图 4-62），开具收据一式三联（图 4-63）；

证明

本人回收太原欣贸有限公司废旧物品一批，价值950元。废品款项交给王媛现金950元（大写：玖佰伍拾元整）。

特此证明。

经办人：高宝乐

2016 年 7 月 26 日

图 4-62

收　　据

年　　月　　日　　NO 0000624

今收到 ______

交　来 ______

人民币（大写）______ ￥ ______

收款单位

图 4-63

② 将收据交会计主管加盖财务专用章，撕下第二联和第三联；

③ 现金 950 元点数复核后放入保险柜，将盖章的第二联收据交王媛；

④ 在第三联收据上加盖“现金收讫”印章；

⑤ 根据证明和第三联收据填制现金收款凭证（附件 2 张：证明和第三联收据）；

⑥ 根据现金付款凭证及时登记现金日记账。

小常识

个人回收废品没有正式票据，金额不大时付款人写个证明作为依据，若大批次处置不可这样处理。

业务23 存现

出纳员将收取的废品收入现金950元存入银行。

出纳员按下列步骤完成工作：

① 填制现金解款单（图4-64，一式二联），连同现金一起到银行办理现金交款，并取回加盖银行印章的现金解款单回单第1联；

交通银行（　　　）现金解款单(收入凭证) ②

总 字 第　　　号
现金日记账顺序　　　号

20　年　月　日

此联由收款单位开户银行代凭证

<table>
<tr><td rowspan="2">收款单位</td><td>全 称</td><td colspan="7"></td><td>款项来源</td><td colspan="9"></td></tr>
<tr><td>账 号</td><td colspan="7"></td><td>解款部门</td><td colspan="9"></td></tr>
<tr><td rowspan="2" colspan="9">人民币（大写）</td><td rowspan="2"></td><td>百</td><td>十</td><td>万</td><td>千</td><td>百</td><td>十</td><td>元</td><td>角</td><td>分</td></tr>
<tr><td></td><td></td><td></td><td></td><td></td><td></td><td></td><td></td><td></td></tr>
<tr><td>票 面</td><td>张 数</td><td>种 类</td><td>千</td><td>百</td><td>十</td><td>角</td><td>分</td><td colspan="2" rowspan="6">（收款银行盖章）</td><td colspan="9" rowspan="6">会计分录：（贷）
对方科目（借）
会计 记账
复核 出纳</td></tr>
<tr><td>壹佰元</td><td></td><td>二 元</td><td></td><td></td><td></td><td></td><td></td></tr>
<tr><td>五十元</td><td></td><td>一 元</td><td></td><td></td><td></td><td></td><td></td></tr>
<tr><td>二十元</td><td></td><td>角 票</td><td></td><td></td><td></td><td></td><td></td></tr>
<tr><td>十 元</td><td></td><td>分 币</td><td></td><td></td><td></td><td></td><td></td></tr>
<tr><td>五 元</td><td></td><td>封 包</td><td></td><td></td><td></td><td></td><td></td></tr>
</table>

附件　张

图4-64

② 在审核无误的现金解款单回单第1联上加盖“现金付讫”印章；

③ 根据审核无误的现金解款单回单联编制现金付款凭证（附件1张：现金解款单回单第1联）；

④ 根据现金付款凭证登记现金、银行存款日记账。

业务24 利息收入

7月30日，出纳员自银行取得中国工商银行已入账利息传票，是银行划入本季度存款利息收入4 793.96元。

存款利息清单（自动）

机构号:351158　　　　日期：20160730　　　　交易码：

账号：	394054988609016	账户名称：太原市欣贸有限公司	
账户类型：	300-单位活期存款（本币）		币种：人民币
利息金额（大写）：人民币肆仟柒佰玖拾叁元玖角陆分			（小写）CNY：4793.96
利息	起息日	止息日	利率
4793.96	20160701	20160730	0.3500
入账帐号：62824020009876125		账户名称：太原市欣贸有限公司	

（印章：交通银行 太原城南支行 2016.7.6 业务受理章）

第三联　贷方凭证

交易参考号：　　　　经办人：　　　　授权人：
复核人：

图 4-65

出纳员按下列步骤完成工作：

① 审核交通银行已入账利息传票（图 4-65）；

② 在审核无误的交通银行已入账利息传票上加盖“银行收讫”印章；

③ 根据交通银行已入账利息传票编制银行收款凭证（附件 1 张；交通银行已入账利息传票）；

④ 根据银行收款凭证登记银行存款日记账。

业务 25　盘点现金

7 月 29 日，出纳员在财务主管的参与下，采用实地盘点法对库存现金盘点。盘点结果为 100 元 35 张，50 元 10 张、10 元 2 张、5 元 1 张，共计金额 4025 元。现金日记账账面显示为 4026.21 元。

出纳员按下列步骤完成工作：

① 根据实盘金额、现金日记账的期末余额编制库存现金盘点表（见图 4-66）；

② 出纳与财务主管分别在盘点表上签字确认。

库存现金盘点表

单位名称：　　　　　　　　　　　　　　　　　　日期：

<table>
<tr><td>部门</td><td colspan="2"></td></tr>
<tr><td>会计期间</td><td colspan="2"></td></tr>
<tr><td>项目</td><td>行次</td><td>金额</td></tr>
<tr><td>现金账面余额(盘点日)</td><td>1</td><td></td></tr>
<tr><td>加:未记账的收款凭证</td><td>2</td><td></td></tr>
<tr><td>减:未记账的付款凭证</td><td>3</td><td></td></tr>
<tr><td>调整后现金余额</td><td>4</td><td></td></tr>
<tr><td>实际盘点现金余额</td><td>5</td><td></td></tr>
<tr><td colspan="3">盘点结果：</td></tr>
</table>

出纳：　　　　　　　　　会计主管：

图 4-66

业务 26　银行存款余额调节表

7 月 30 日，收到开户银行基本户的银行对账单，逐笔核对后编制存款余额调节表。

出纳员按下列步骤完成工作：

① 出纳收到银行对账单（图 4-67）后，及时与银行存款日记账进行核对；

② 核对时，银行对账单借方发生额核对的是银行存款日记账贷方发生额，银行对账单贷方发生额核对的是银行存款日记账借方发生额（即方向相反）；

③ 记录内容相同的可用“√”在对账单和日记账上分别标记，标明核对一致；

④ 如果发现没有勾对上的项目，试分析未达账项，编制银行存款余额调节表（图 4-68）。

银行对账单

2016年		结算方式		借 方	贷 方	借或贷	结余金额
月	日						
66	330	种类	号码			贷	460583.65
77	32	汇票	8988	50000.00		贷	410583.65
	33	现支	6356	5000.00		贷	405583.65
	45	转入	8213		35000	贷	440583.65
	55	转支	002	10		贷	440573.65
	55	转支	002	25		贷	440548.65
	110	托收	001		234000	贷	674548.65
	111	信汇	425		4000	贷	678548.65
	117	转入			88000	贷	766548.65
	117	贷款	23		500000	贷	1266548.65
	222	转支	5057	24200		贷	1242348.65
	223	转支	5058	885		贷	1241463.65
	223	转支	5059	7101		贷	1234362.65
	223	转支	5060	110000		贷	1124362.65
	225	现支		5000		贷	1119362.65
	1						

图 4-67

银行存款余额调节表

年 月 日

项目	金额	项目	金额
银行存款日记账余额 加:银行已收,企业未收 减:银行已付,企业未付		银行对账单余额 加:企业已收,银行未收 减:企业已付,银行未付	
调节后的存款余额		调节后的存款余额	

图 4-68

参　考　文　献

[1]　沈宝燕. 出纳员岗位实训. 第 2 版. 北京：高等教育出版社，2012.

[2]　杭瑞友. 出纳实务. 北京：化学工业出版社. 2016.